Heidi und Rolland Baker

Lieben – wir können nicht anders

Heidi und Rolland Baker

Lieben – wir können nicht anders

Ein Jahr voller Wunder

Die englische Originalausgabe erschien 2007 unter dem Titel
„The Hungry Always Get Fed“
bei New Wine Ministries, P.O. Box 17, Chichester, West Sussex PO19 2AW, England.

1. Auflage 2008

Bibelstellen wurden, soweit nicht anders angegeben, nach der Revidierten Elberfelder Übersetzung, © 1985/1991 Brockhaus-Verlag, Wuppertal (Textstand Nr. 20), zitiert.

Aus dem Englischen übersetzt von Dorothea Appel.

Satz/DTP: Jens Wirth/ASAPH
Druck: Schönbach-Druck, D-Erzhausen
Umschlaggestaltung: CCD, www.ccdgroup.co.uk

Bestellnummer 147399
ISBN 978-3-935703-99-4

Printed in the EC

Für kostenlose Informationen über unser umfangreiches Lieferprogramm an christlicher Literatur, Musik und vielem mehr wenden Sie sich bitte an:

ASAPH – D-58478 Lüdenscheid
E-Mail: asaph@asaph.net – www.asaph.net

Inhalt

Kapitel 1

Herrlichkeit von Dorf zu Dorf

April bis Mai 2005

Update von Rolland Baker

News-Archiv: 8. April 2005

Begeistert strahlt Kakala über das ganze Gesicht. Heidi spricht ihr etwas vor, und sie wiederholt es fehlerlos ins Mikrofon. Alle Dorfbewohner, die die Szene beobachten und die wissen, dass Kakala von Geburt an taubstumm gewesen war, sind tief bewegt. Sie laufen und holen Kakalas Mutter, und bald strahlen die beiden um die Wette, wie sie nebeneinander auf unserer Erweckungsbühne stehen – der Ladefläche unseres Dreitonners. Die Mutter bestätigt der ganzen Menge, dass sie Kakala noch nie hatte sprechen hören.

Diese Nachricht ist so großartig, dass einer aus der Menge losläuft und noch eine andere Taubstumme zur Versammlung holt – ein kleines Mädchen namens Magdalena, viel jünger als Kakala. Heidi und unser Ministryteam legen ihr die Hände auf; augenblicklich kann sie hören und auch sprechen. Nur Minuten zuvor hat eine ältere Frau ihr Augenlicht zurückbekommen.

Viele drängen sich vor und wollen unbedingt Gebet, und Jesus ist gnädig. Das ganze Dorf ist heute Abend hergekommen, und viele sind meilenweit aus der Umgebung hergewandert, als sie hörten, dass wir kämen. Gespannt sahen sie den Jesusfilm an, hörten Heidi predigen und die Kraft Gottes bei früheren Veranstaltungen bezeugen und reagierten alle gemeinsam mit einer Stimme und einem Herzen auf das Evangelium.

Dies ist Heidis und mein dritter Dorf-Einsatz innerhalb der zehn Tage, die wir nach einer langen Vortragsreise wieder in Pemba sind. Jedes Mal kommt ein gesamtes Dorf, das vorher nie das Evangelium gehört hatte, offen, bereitwillig und voller Eifer zu Jesus. Jedes Mal erklären wir das Evangelium so einfach, deutlich und intensiv, wie wir können, und es regt sich kein Widerstand.

Vor den Silhouetten der Palmen, die sich im Dunkeln gegen die überwältigende Kulisse der Milchstraße abheben, weit weg von Stadien und Großstadtlichtern, laufen die in Lumpen gekleideten Armen aus ihren Hütten zu Jesus. Sie empfangen von ihm ohne Zögern, ohne Zweifel. An einem Abend widersagen sie einer lebenslangen Sklaverei an Zauberer und böse Geister, falsche Religion und Tradition. Und sie fallen im Schmutz ihres Dorfplatzes auf die Knie, um den Retter in Geist und Wahrheit anzubeten.

Die moslemische Provinz Cabo Delgado ganz im Norden Mosambiks empfängt den König. In nur zwei Jahren haben wir erlebt, wie über 190 Gemeinden in Dörfern wie diesem entstanden, und jede Woche kommen neue hinzu. Die Ernte ist reif. Jetzt ist die Zeit für Mosambik, für ganz Afrika. Das Evangelium wird sich wie ein Lauffeuer verbreiten, vom Süden bis nach Nordafrika, bis nach Jerusalem. Möge der Leib Christi weltweit mit überwindendem Glauben, grenzenloser Liebe und fröhlicher Energie auf diese gewaltige Gelegenheit reagieren!

Während sich Heidi gehorsam hauptsächlich auf den Makuastamm in Cabo Delgado konzentriert, expandiert *Iris Ministries* auch weiterhin in andere Gebiete. Wir hatten gerade unsere erste Konferenz in der Provinz Gaza im Süden, und alle, die uns hörten, wollten am Evangelium teilhaben.

Zwei verkrüppelte Männer wurden zu dem Treffen hingetragen, aber weg gingen sie selbstständig, ohne Hilfe. Nächste Woche fliege ich nach Medan in Indonesien; ich folge dem Heiligen Geist, der sich um die Tsunamiopfer in Bandah Aceh kümmert. Dann werde ich in die Demokratische Republik Kongo fliegen und weiteren Konferenzen beiwohnen, denn *Iris Kongo* ist gerade im Entstehen, dann nach Ruanda, Burundi und in andere Länder … Wir werden in den Sudan zurückkehren, denn wir planen Einsätze im Norden, im Süden und in Darfur im Westen. Auch Simbabwe, Äthiopien und Sambia bitten um Hilfe in ihrem großen Hunger nach Erweckung.

Mit ganzer Kraft, Energie und allen unseren Möglichkeiten bauen und planen wir diesen Sommer unsere Schule für den internationalen Dienst, zu der wir etwa zweihundert ausländische Studenten erwarten, denen sich weitere zweihundert einheimische mosambikanische anschließen. Möge Jesus die völlige Herrschaft über diese Schule und das Leben unserer Studenten übernehmen! Aus der ganzen Welt werden gesalbte Sprecher kommen, um dieser Gemeinschaft, die Jesus genau hier auf dem Missionsfeld zusammenführt, von ihren geistlichen Einsichten und Gaben weiterzugeben. In Gruppen werden diese Studenten alles, was sie lernen, anwenden und sich der Herausforderung stellen, im Busch Dörfer zu evangelisieren und Gemeinden aufzubauen. Jesus, gehe nach deiner Art vor und mach uns alle bereit, dass du uns genau so gebrauchen kannst, wie du es wünschst! Nur bleibe bei uns, sei mit uns und mach uns lebendig, begeistere uns mit der Herrlichkeit deiner Gemeinschaft und Gegenwart!

Die Insel Nias

News-Archiv: 23. April 2005

Die Fokker F-27 der Merpati Airlines ist alt, ihre Inneneinrichtung verschossen und fleckig, die Polster der winzigen Sitze ausgefranst. Meine Aktentasche passt nicht unter den Sitz. Aber wenigstens bin ich endlich im Flugzeug, zusammen mit Steve Lazar, Direktor unseres Kinderzentrums in Maputo, und meinem langjährigen (seit fast 30 Jahren!)

Freund und Kollegen, dem Evangelisten Mel Tari, unserem Trauzeugen. Von Medan aus steuern wir die Insel Nias vor der Westküste Sumatras in Indonesien an. Aber Nias ist ein Erdbebenkatastrophengebiet, und alle Flüge dort sind auf Monate hinaus ausgebucht. Niemand kommt mal eben so auf die Insel ohne besondere Beziehungen. Und genau die haben wir …

Unser alterndes, aber treues Turboprop-Flugzeug fliegt in nur zehntausend Fuß Höhe, was uns eine gute Sicht auf den dichten Dschungel Sumatras unter uns bietet. Wir sind in der Nähe des Äquators; in diesem Teil der Welt ist immerzu alles dampfend und heiß. Ich staune über diese entlegene, wilde, exotische Landschaft und bedenke, was Gott tat, um uns drei an diesen Punkt zu bringen, wo er seine Absichten in dieser Welt noch wunderbarer entfaltet …

Vor fünfundzwanzig Jahren flogen Heidi und ich voller Eifer und Begeisterung mit One-Way-Tickets und dreißig Dollar in der Tasche vom internationalen Flughafen Los Angeles nach Indonesien. Wir hatten keine Unterstützung, nur Jesus, keinen Plan, nur seine Stimme, keine Sehnsucht, nur die, alles aufzugeben und ihm zu folgen. Ermutigt durch die lodernde Erweckung in Timor, die Mel in seinem bekannten Buch „Wie ein Sturmwind" beschreibt, gehen wir seitdem der mächtigen Gegenwart Gottes nach.

Im Sommer 1980 landeten wir in Bali, und in den folgenden paar Jahren brachten wir immer wieder evangelistische Tanztheater-Teams nach Indonesien und anderen Orten in ganz Asien. Nach und nach lernten wir, es langsamer angehen zu lassen und uns auf die Armen zu konzentrieren. Indonesien zog unsere Missionarsvisa zurück, weil das Land dem Tourismus zuliebe auf Bali die hinduistische Kultur halten möchte. Wir zogen nach Hongkong um, sehr verwirrt und bekümmert. Aber in den armen Hintergassen der glitzernden Großstadt arbeiteten wir weiter und unternahmen zahlreiche Dienstreisen nach China. „Den Geringsten unter ihnen" die gute Nachricht zu bringen wurde unser Hauptanliegen. Mehr und mehr traten wir das Erbe meiner Großeltern an, die in Kunming in China, wo ich auch geboren bin, eine gewaltige Ausgießung des Heiligen Geistes erlebt hatten, nachdem sie bettelnde Kinder aus dem Elend aufgenommen hatten. (Mein Großvater hat das in seinem Buch beschrieben: H.A. Baker, „Visionen jenseits des Horizonts", Verlag Gottfried Bernard)

Die Geschichte unserer Übersiedlung nach London und dann nach Afrika wird in unserem Buch „Es gibt immer genug", ASAPH, erzählt.

Jahrelang machten wir uns nicht besonders viel Gedanken um die moslemische Welt, denn wir suchten nach mehr Frucht, als wir darin meinten erwarten zu können. Aber durch die katastrophalen Überschwemmungen in den Jahren 2000 und 2001 kam die Erweckung nach Mosambik. Wir arbeiteten weiter, Provinz für Provinz, in denen verzweifelte Dorfbewohner in dieser ärmsten Nation der Erde nach Gott schrien. Schließlich kamen wir zur nördlichsten Provinz Mosambiks, Cabo Delgado, die fast vollkommen moslemisch ist. Aber in den vergangenen zwei Jahren hatten wir erlebt, dass Moslems in Jesu Liebe dahinschmelzen, wenn sie sehen, dass er real ist und dass er mit Macht, Schönheit und Herrlichkeit zu uns kommt, wenn wir ihn wollen. Rapide breitet sich das Evangelium in der „unerreichbaren" Provinz Cabo Delgado aus, und jetzt werden wir als *Iris Ministries* weiter durch Nordafrika geführt, wie der Heilige Geist den Weg bereitet.

Zurück nach Indonesien

Aber was ist mit Indonesien, dem größten moslemischen Land der Welt, das in manchen Gegenden solch eine Erweckung und auch schlimme Konflikte und Christenverfolgungen gesehen hat? Was ist mit unseren Erfahrungen dort? Nichts geschieht ohne Grund oder versehentlich in unserem Leben, wenn wir ihm immer ähnlicher werden. Am 26. Dezember 2004 wurde unsere Aufmerksamkeit plötzlich mit Gewalt wieder auf Asien, besonders auf Indonesien gelenkt. Auf einem Cessna-Flug nach Sansibar hörten wir die Nachricht von dem furchtbaren Tsunami, der am Ostrand des Indischen Ozeans unvorstellbare Verwüstung und tiefes Leid verursacht hatte.

Die aus Indien stammende Shara Pradhan war bei Heidi und mir, und unsere erste Reaktion war, dass wir sofort ein Team nach Chennai in Indien schicken wollten, wo etwa fünfundfünfzigtausend Menschen durch die Katastrophe umgekommen waren. Viele aus dem Kreis der Freunde und Spender von *Iris* unterstützen unseren Dienst und die Hilfe dort voller Hingabe, und wir sind so ermutigt von der daraus resultierenden Erfahrung der Kraft des Heiligen Geistes.

Das Erdbeben der Stärke 9,2, das den Tsunami auslöste, verursachte eine Flutwelle, die sich mit einer Geschwindigkeit von etwa 800 Stundenkilometern bewegte und in der wunderschönen Seestadt Banda Aceh auftraf, an der Nordspitze der riesigen Insel Sumatra in Indonesien, etwa hundert Kilometer vom Epizentrum entfernt. Mittlerweile hat sich herausgestellt, dass entlang der Küste von Aceh vermutlich innerhalb von zehn Minuten dreihunderttausend Menschen umkamen, als die Wucht der Welle auf das Land traf.

Fast überall in Indonesien gibt es viele Moslems, aber die vom Tsunami betroffene Provinz Aceh galt als die extremste, militant moslemische Gegend im Land. Ausländern war die Einreise verwehrt, und es hatte sich ein Aufstand gegen die Nationalregierung gebildet, der für mehr Unabhängigkeit und islamisches Recht kämpfte. Am 24. Dezember wurden Zugeständnisse gemacht, und zwei Tage später schlug die Katastrophe zu. In äußerster Verzweiflung öffnete sich Aceh für massive Hilfe aus der ganzen Welt.

Geld, Personal und Hilfsgüter strömten herein. Plötzlich regte sich Mitleid in riesigem Umfang. Sehr bald war es eine echte Herausforderung, all die Hilfeleistungen zu managen. Korruption trat auf. Und fast überall wurde Christen geraten, den Ball flach zu halten und die Situation nicht auszunutzen, um ihren Glauben zu verbreiten. Heidi und ich wollten, dass sich *Iris* an der Tsunamiopfer-Hilfe in Aceh beteiligte, aber da von weltlichen Stellen schon so viel Hilfsgüter eintrafen, spürten wir, dass unser Beitrag hauptsächlich ein geistlicher sein sollte. Immer noch war der christliche Einfluss von außen nicht überall willkommen, noch nicht einmal von anderen evangelikalen Mitarbeitern dort.

Natürlich reisten viele Christen an und halfen nach besten Kräften, und indonesische Gläubige trafen ein, um die kleine Gemeinde in Banda Aceh, die überlebt hatte, zu trösten und mit ihnen zu beten. Ich kam erst Monate später, das lag an meiner Reiseplanung. Aber Gott hat seinen eigenen Plan, nach dem er feurige Prediger des Evangeliums ruft, die seine Herrlichkeit mit Weisheit und Kraft durch ganz Indonesien tragen, selbst dort, wo mehr Tragik und Widerstand herrscht als irgendwo anders.

Vor zwei Wochen traf ein 7,1-Nachbeben die nahe gelegene Insel Nias, zu der ich gerade fliege. Die meisten der Hauptgebäude wurden zerstört. Wasser- und Stromleitungen gingen kaputt. Straßen zu Dörfern wurden von Rissen und Erdrutschen blockiert. Geschäfte schlossen, und viele Geschäftsinhaber flohen von der Insel. Die Lebensmittelversorgung klappte nicht mehr. Die Infrastruktur der Insel war schwer beschädigt, und ihre 650 000 Einwohner waren verzweifelt.

Und wieder fließt internationale Hilfe herein. Wir landen auf dem Flughafen dieser hügeligen, üppig bewachsenen, tropischen Insel voller Palmen und verschwenderisch grüner Laubwälder und haben einen gewohnten Anblick vor Augen: Frachtflugzeuge und Hubschrauber, die an-

und abfliegen, überall die Zelte der Hilfsorganisationen, Militärposten, Fernsehteams, die ihr Gerät herumschleppen, hochaufgetürmte Kisten mit Hilfsgütern. Die meisten freiwilligen Helfer müssen zusehen, wo sie in der Hitze und Feuchtigkeit einen Schlafplatz finden, aber durch Verbindungen, die Gott uns schenkte, bekommen wir nicht nur Plätze auf einem Flugzeug nach Nias, sondern sind sogar Gäste im Haus des Gouverneurs in der Hauptstadt nahe dem Flughafen.

Auf der Fahrt durch die Stadt beginne ich zu fotografieren. Straßenverkäufer bieten weiter an, was sie haben, inmitten von Schutt und Zerstörung. Kinder spielen auf Bergen von eingestürztem Beton. Die wenigen Planierraupen, die es auf der Insel gibt, beginnen ihre schwere Arbeit, die Trümmer wegzuräumen. Wir begegnen dem Gouverneur, einem wunderbaren Christen, beliebt bei seinen Leuten, und er erzählt uns, wie er sich Tag und Nacht bemüht, auf der Insel Trost zu spenden und Ordnung aufzurichten. Er ist krank vom Staub und Leichengestank, den er bei seiner Arbeit einatmet, und schlicht vor Erschöpfung. Wir beten intensiv für ihn.

Leben statt Tod

Die Insel ist zu fünfundneunzig Prozent christlich. Es gibt über 1300 Kirchengebäude, von denen, so erfahren wir, 1100 völlig zerstört sind. Die Pastoren sind sehr entmutigt. Nur wenige Menschen sind gekommen, um sie in ihrem Leid zu besuchen und geistlich zu unterstützen. Wir schlagen ein Treffen der führenden Pastoren für den gleichen Abend vor, und es wird voller Freude arrangiert. Zwanzig Mitglieder der Seelsorge-/Fürbitte-Gruppe der Insel trifft sich unter der Leitung von Fatieli Laoli im Wohnzimmer des Gouverneurs; und Mel, Steve und ich fangen an zu dienen, wie es uns der Heilige Geist zeigt.

Die Katastrophen auf der Welt machen uns entweder bitter gegen Gott, lassen uns abstumpfen und unverständig bleiben, oder sie führen uns eindrucksvoll vor Augen, wie sehr wir Gott brauchen – viel, viel mehr, als uns bis dahin je bewusst war. Kummer, Einsamkeit und die Zerbrechlichkeit des Lebens sollten uns unmittelbar unter das Kreuz führen mit einem überwältigenden Verlangen, das Angesicht unseres Erlösers zu suchen, bis wir in ihm finden, was nur er geben kann. Werden die Christen dieser Insel und ihre Leiter, als Ergebnis dieses verheerenden Ereignisses, die Erweckung weiterführen, die vor Jahren andere Teile Indonesiens so wunderbar heimgesucht hat? Werden wir einfach aufbauen und uns mehr auf das Herz und den Heiligen Geist konzentrieren? Die Kirche in Nias war bequem und selbstgenügsam und bewegte sich in ausgetretenen Pfaden. Können wir jetzt Gottes Ruf hören, uns zu erheben, ihm leidenschaftlich nachzufolgen, wirklich ganz lebendig zu werden und in dieser Nation sein Werkzeug der Gerechtigkeit zu sein? Kann diese Katastrophe aus den vielen Christen auf Nias eine geistliche Ressource für ganz Indonesien machen?

Die Pastoren rufen laut: Ja!, und sie schütten im Gebet ihr Herz aus. Ja, sie wollen Erweckung; sie wollen Wunder und eine Heimsuchung Gottes in dem Schlimmsten, was Satan tun kann. Sie wollen nicht, dass all der Schmerz und das Leid umsonst wären. Sie hören und verstehen. Sie werden all ihren Glauben üben und sich im Herrn stärken. Sie werden die Aufgabe auf sich nehmen, in Aceh, auf den anderen indonesischen Inseln und darüber hinaus das Evangelium der Gnade Gottes (Apostelgeschichte 20,24) zu bezeugen.

Wir schlagen vor, dass Gemeinden in Amerika und auf der ganzen Welt sich eins zu eins mit den Gemeinden auf Nias verbünden und helfen, sie wieder aufzubauen. Wir würden auf Nias gerne ein Kinderheim eröffnen und danach eine Bibelschule, so, wie wir sie in Afrika einrichten, alles mit der Absicht, Erweckung und Transformation voranzubringen. Gerne würden wir Pastoren und missionarische Kurzzeit-Einsatzteams nach Nias einladen. Wir bitten den Heiligen Geist, die Herrschaft über uns zu übernehmen, damit wir an Gottes Wesen Anteil haben und helfen, seine Absichten in diesem Teil der Welt zu erfüllen.

Pastor Laolis Sohn Berkat erzählt uns voller Eifer von seiner Berufung zum Dienst an Waisen, und er bietet sein eigenes Haus an, wenn wir mit den Kosten helfen. Gerne stimmen wir zu. Zu Beginn will Berkat bis Ende der Woche dreißig Kinder sammeln, die in die Berge geflohen sind. Wir werden *Iris Indonesien* gründen, Bankkonten und eine E-Mail-Adresse einrichten, uns bei den staatlichen Behörden anmelden und einen indonesischen Vorstand berufen, angefangen mit dem Gouverneur, Agus Mendrofa!

Wieder in Medan, arbeiten wir konzentriert und sind in wenigen Tagen bereit anzufangen. Mels Schwester Ice („ietsche" gesprochen) Tari mit ihrer fünfundzwanzigjährigen Erfahrung im Dienst in Nordsumatra wird bei der Leitung von *Iris Indonesien* helfen, gemeinsam mit ihrer Freundin Lina Gultom, die auch ein riesengroßes Herz für die Armen und Leidenden hat. Einer der ersten Pastoren, die wir einstellen, ist ein Mann aus Banda Aceh, der selbst gerade in Medan war, als der Tsunami zuschlug, und der seine Frau und alle seine Kinder verloren hat. Voller Schmerz, aber nicht gebrochen, kehrte er nach Aceh zurück, um seinem Volk zu dienen. Möge Jesus selbst sein Liebhaber sein, sein Trost und seine Freude. Solche Männer werden starke und herrliche Festungstürme sein in der kommenden Zeit, wenn ein Tsunami des Heiligen Geistes diese riesige Nation überrollt. Der lebendige Gott in all seiner Barmherzigkeit und gewaltigen Herrlichkeit und Größe weiß auf das Dunkel der Verzweiflung zu reagieren und auf Herzen, die zu ihm allein schreien. Jesus ist der Gute Hirte. Er wird seine verlorenen Schafe finden.

◇◇◇◇◇◇◇◇◇

Wieder in Afrika, fliege ich mit meiner Cessna in die Republik Kongo, um an Konferenzen in Goma und Bukavu teilzunehmen, wo wir gerade *Iris Kongo* aufbauen. Heidi ist in Brasilien. Im Mai werden wir beide zu einer Reihe von Buschkonferenzen in Malawi und Mosambik kommen. Dann fängt im Juni in Pemba in Nordmosambik unsere Missionsschule an, und wir werden Teams in eine ganze Provinz aussenden. *Iris Sudan* entwickelt sich Schritt für Schritt unter sehr herausfordernden Umständen, und wir planen Einsätze in der Darfur-Region.

Wir sind weit über alle normale, natürliche Fähigkeit hinaus gefordert. Doch täglich bewegt uns, wie wunderbar Gott für uns und alle sorgt, die er unserer Fürsorge unterstellt hat – durch den Leib Christi. Unser Leben in Jesus ist voller Wunder, bis in jedes Detail hinein. Wir können uns nicht selbst erhalten, aber in ihm werden wir vor der Katastrophe nicht davonlaufen. Wir werden seine Herrlichkeit weitertragen, immer im Glauben vorangehen und nicht zurückschrecken. Wir lieben und segnen euch für eure so vielfältige Anteilnahme an uns. Möge uns alle Gerechtigkeit, Frieden und Freude überwältigen, wenn wir seine Gegenwart jetzt und immer genießen!

Warum sollten 15000 Menschen nach Bangula kommen?

David Morrison: 1. Mai 2005, 14.28 Uhr

Bericht von der Buschkonferenz

Menschen kommen zu Fuß, auf überfüllten LKW-Ladeflächen, in unterschiedliche Vehikel gequetscht, die einer Straße nicht würdig sind. Sie strömen herbei von nah und fern. Warum? Was zieht sie? Sie kommen für Essen, für Gottes Botschaft, für die Gemeinschaft und für Heilung. Manche kommen aus Neugier, andere folgen einfach den Massen in der Hoffnung auf ein kostenloses Essen.

Ich arbeite mich durch die Menge hindurch und werde von Menschen aufgehalten, die mir ihren hungrigen Bauch zeigen. Ich bleibe stehen und umarme ein winzig kleines Mädchen, deren Schulterblätter unter einem dünnen Kleid herausstehen. Erst erschreckt sie sich bei meiner Berührung, aber dann kommt sie näher. Eine kleine alte Frau fasst immer wieder nach meiner Hand. Dieses Jahr ist anders. Ich kenne einige der Menschen; welch ein Geschenk, unter den Massen Freunde wiederzuerkennen! Vorsichtig, um nicht auf schlafende Kinder und ihre Mamas zu treten, gehe ich weiter und bete, dass Gottes Geist den wahren Hunger weckt, der die tiefere Not hervorhebt.

Bei Einbruch der Nacht tanzen und loben wir Gott gemeinsam. Die Bühne wackelt unter den vielen Füßen, die die Rhythmen stampfen. Heidi predigt. Sie tanzt ihre Ansprache und zieht immer wieder einmal jemanden aus der Menge hinzu. Als sie über die Liebe des Vaters für jeden von uns spricht, wendet sie sich an eine Frau in der Menge: „Du, Mama, würdest du einem deiner Kinder zu essen geben und die anderen hungern lassen?“ Alles lacht. Die Aussage ist deutlich. Es gibt keine weniger wertvollen Kinder. Jesus liebt jeden von uns mit derselben Liebe.

Jetzt sitze ich mit einigen der Frauen im Staub. Neben mir ist eine Familie, die wir bei einem Autounfall im Dezember kennenlernten – ein Junge aus einem armen Dorf, der plötzlich auf der ganzen Welt bekannt und Gegenstand der Fürbitte war; ein Junge, der nach dreitägiger Bewusstlosigkeit zum Leben erweckt wurde – eine Familie, die den Lebensspender kennenlernen wollte und, als logische Folge, ein Dorf mit einer neuen Kirche. Gottes Wege sind viel höher als unsere Wege!

Auf der anderen Seite dösen einige Frauen. Heidi bemerkt das und kommt auf der Bühne herüber: „Weck die Schläfer auf, weck sie auf!" Diese Botschaft ist zu gut, als dass man sie verpassen dürfte. Sie beginnt mit ausgestreckten Armen und sagt: „Gott liebt dich." Sie sieht eine Frau an und macht sie auf ihre Nachbarin aufmerksam: „Du da! Liebe sie." So geht es. Wenn Gottes Liebe dich füllt, kannst du dich an den neben dir wenden und ihn lieben. Einfache Wahrheit, aber den ersten Schritt können wir nicht überspringen. Wenn mich Gottes Liebe nicht füllt, habe ich dem hungrigen Kind, der verzweifelten Großmutter oder dem betrunkenen Alten nichts zu geben.

Jeden Abend geschehen Wunder. Die Blinden sehen, die Tauben hören, die Gelähmten gehen. Die Menschen können nirgends sonst hin, und in seiner Gnade hört Gott ihr verzweifeltes Rufen.

Über Nacht strecken sich Männer, Frauen und Kinder auf ein paar Brettern aus oder legen sich im Staub hin und schlafen. Ihr Bauch ist voll, denn heute haben sie gegessen; ihr Herz ist voll, denn sie haben das Evangelium gehört; viele schlafen tiefer, weil sie keine Schmerzen mehr haben. Sie bekamen, weswegen sie gekommen sind. Wir beten um bleibende Frucht in ihrem Leben.

„Herrlichkeit von Dorf zu Dorf"

1. Heidi mit Kakala, die ihr Leben lang taubstumm gewesen war, jetzt geheilt ist, hört und spricht!

2. Kakala spricht übers Mikrofon zu ihren Freunden aus dem Dorf

3. Kakala mit ihrer Mutter, die sie bis heute Abend noch nie hatte sprechen hören

4. Magdalena, eine weitere Taubstumme, die spontan geheilt wurde

5. Heidi mit einer Frau, die soeben von Blindheit geheilt wurde

Fotos von der Insel Nias

Heftige Zerstörungen in der Stadt Gunungsitoli auf der indonesischen Insel Nias, bewirkt durch ein starkes Nachbeben des Erdbebens, das am 26. Dezember 2004 den Tsunami auslöste

Kapitel 2

Frisches Brot

Mai bis Juni 2005

In den Kongo – und immer weiter!

Irgendwo in Zentralafrika
News-Archiv: 7. Juni 2005

Dunkle Regenwolken ziehen drohend am nordwestlichen Horizont herauf, direkt auf unserer Flugstrecke. In Reihen türmen sich die Bergketten vor uns auf. Es gibt keinen Wetterbericht. Diese Route sind wir noch nie zuvor geflogen. Wir sind auf dem Weg in ein anderes Land, haben aber weder Landeerlaubnis noch Visum. Keine Fluggesellschaft fliegt dahin, wohin wir unterwegs sind, und die Reise über Land durch den Wald unter uns wäre lang und gefährlich. Die Flugsicherung in Kigali genehmigt uns eine Flugroute in 8500 Fuß und entlässt uns mit gelassener Stimme ins Ungewisse.

Erste kleine Schauer kommen auf, und bald sind wir mittendrin im unvermeidlichen Wolkenbruch. Wasserwände prallen mit voller Wucht auf die Cockpitscheibe und verzerren die Sicht nach vorn völlig. Unsere hochmodernen schalldämpfenden Kopfhörer kommen kaum gegen die Lautstärke des Regens an, der auf die Aluminiumhaut unserer Cessna prasselt. Aber ich kann nach unten sehen und ich weiß von meinen Karten, welche Erhebungen noch vor uns liegen. Wir kämpfen uns weiter voran, unser Ziel ist weniger als eine Stunde entfernt.

Das Unwetter ist örtlich begrenzt, und bald sind wir durch und fliegen weiter. Aber die Wolken hängen tief, und wir müssen heruntergehen und unseren Weg über das wilde Terrain Hunderte Fuß unter uns durch Hin-

und Herfliegen suchen. Klippen und Gipfel tauchen auf und verschwinden wieder im Nebel. Hütten verstecken sich in winzigen Lichtungen unter Bäumen auf den Hügelspitzen. Jetzt werden die Bergketten niedriger, und vor uns taucht der See auf, den wir erwartet haben. Wir sehen nur eine Ecke, sind aber begeistert, weil wir wissen, dass er die Grenze unserer nächsten Dienstfront markiert, der Demokratischen Republik Kongo!

Bald öffnet sich vor uns der Blick auf den Kivusee, ein Juwel von hundert Kilometern Länge, mit schön angeordneten Zuflüssen und Inseln, knapp 1500 Meter hoch gelegen mitten in Afrika. Wir sind weit von der Serengeti-Ebene entfernt, über die wir gestern flogen, und noch weiter von Stränden und Sand in Mosambik, die tausend Kilometer hinter uns liegen. Es drängt uns, auch hier das Evangelium zu predigen. Im Dienst für unseren König haben wir diese Gelegenheit voller Eifer ergriffen, um noch mehr Erweckungsfeuer in eine Region zu bringen, die aufgrund von Instabilität, Gewalt und Blutvergießen lange isoliert war.

Offensichtlich ist hier schon seit Jahren kein kleines Privatflugzeug mehr gelandet. Soldaten in Kampfkleidung, bewaffnet mit Maschinengewehren und Raketenwerfern, stehen in der Nähe und starren uns ungläubig an. Beamte und Offiziere drängen sich vor und bombardieren uns mit Fragen. Wo ist Ihre Erlaubnis? Wer hat Ihnen gesagt, dass Sie hier landen könnten? Was tun Sie hier?

Aus dem Grund haben wir Joseph bei uns. Er hat informelle mündliche Abmachungen mit den Flughafenbeamten in Goma für unsere Einreise in den Kongo getroffen – unsere damals einzige Möglichkeit –, aber in Goma gab es kein Flugbenzin, und wir hatten nur genug Treibstoff, um direkt nach Bukavu und zurück zu fliegen. Vor diesem Flug hatte uns Joseph versichert, dass eine Landung direkt in Bukavu, seiner Heimatstadt, kein Problem sein würde, doch jetzt haben wir ein sehr großes Problem. Wir werden für eine komplizierte, langwierige „Diskussion" in ein Büro gezerrt – ein leeres Zimmer mit einem leeren Schreibtisch. Joseph ist meisterhaft ruhig, und Surpresa und ich überlassen das Reden einfach ihm. Es stellt sich heraus, dass Joseph als ein örtlicher Gemeindeleiter bekannt ist und von allen Beteiligten respektiert wird. Telefonate werden geführt, Stimmen wieder gesenkt, Papiere unterschrieben, und wir bekommen strikte Anweisungen für die Zukunft. Gott hat den Weg in außergewöhnlichen Umständen vorbereitet, und zwar dadurch, dass jemand für seine Gottesfurcht bekannt ist und geachtet wird.

Bewaffnete Wachen führen uns durch das Tor hinaus, und dort wartet wieder eine Menschenmenge auf uns – diesmal voller Begeisterung mit Lachen, Rufen und Winken. Es sind Christen des Ortes, und sie sind überglücklich. Die *Iris*-Missionare sind gekommen! Sie sind nicht allein! Jesus hat ihre Gebete erhört! Ihre geistliche Familie wächst! Lasst die Erweckung brennen! Die Menschen haben tagelang gewartet. Viele sind von weit her gekommen. Jeder ist gespannt und voller Erwartung. Dies ist ein gewaltiger Augenblick! Jesus hat sie nicht vergessen! Lasst uns Kirche sein! Langsam bewegen wir uns zum Konferenz-„Zentrum" vor.

Konferenz in Bukavu

Schlamm und Wasser bedecken den ganzen Fußboden unter geborstenen Kirchbänken. Das Blechdach ist nicht groß genug, und wir müssen Plastikplanen gegen den Regen aufhängen. Es gibt keinen Strom, aber wir haben einen Generator dabei, und bald habe ich das Lautsprechersystem aufgebaut. Hunderte Menschen drängen sich herein, und wir können unsere erste Versammlung starten!

Wir erkennen, dass es hier anders ist. Dies ist keine übliche Kirche. Die Menschen werden sich nicht schnell zufriedengeben. Sie können es sich nicht leisten, passiv auf Gott zu warten. Sie wissen, dass Jesus in ihren extremen Umständen ihre einzige Hoffnung ist. Sie können nur eins tun: mit jeder Faser Leben, die ihrer Seele noch geblieben ist, zu ihm schreien. Das Leben in dieser Welt ist für die Menschen hier so grausam gewesen, dass sie nirgends nach Hilfe suchen als beim Schöpfer und Erlöser selbst. Ohne jedes Bemühen von unserer Seite sehen Surpresa und ich zu, wie der Heilige Geist diese Herzen freisetzt, sich voller Leidenschaft nach dem Leben auszustrecken.

Drei Tage lang erleben wir das starke Wirken des Heiligen Geistes. Natürlich beobachten manche die Dinge von den hinteren Bänken mit weit geöffneten Augen und fragenden Gesichtern, aber vorn entzünden Verlangen und Glauben eine echte Erweckung. Der Heilige Geist ist emotional und leidenschaftlich und oft physisch spürbar. Er ist intensiv, voll brennender Liebe, er will gewaltig wirken und Menschen mit übernatürlichem Leben überwältigen. Er weiß auf das Schreien jedes Einzelnen zu antworten, und er weiß, auf welche Art jeder geliebt werden muss. Gottes Gegenwart brennt jeden bösen Gedanken weg, jedes kleinliche Verlangen, jeden selbstsüchtigen Ehrgeiz. Nichts bleibt, nur das, was Gott will, was Gott wertschätzt, was ihn begeistert! Wir werden verändert, wir werden zu angemessenen Gefährten für den König!

Wie immer bei diesen Front-Abstechern in ein neues Gebiet ist es eine extreme Herausforderung, in unserer begrenzten Zeit den Menschen genau das zu bringen, was sie am nötigsten hören müssen. Aber wir lernen uns immer mehr zu entspannen und im Fluss des Heiligen Geistes zu bleiben; wir beten, dass sich alles erfüllt, was Gott mit dieser Reise vorhatte. Bei all den Tränen und dem Lachen, in Buße und Freude, Anbetung und Feiern, Heilungen und Befreiungen finden wir Zeit, die ersten und entscheidenden Grundlagen des Evangeliums zu predigen. Diese Bewegung ist nicht auf Gesundheit und Wohlstand oder Manifestationen, Zeichen und Wunder aus. Wir predigen Jesus, und zwar als den Gekreuzigten, und die Kraft des Kreuzes. Nichts zählt außer dem Glauben, der durch Liebe tätig wird und Freude hervorbringt! Wir suchen zuerst sein Reich und seine Gerechtigkeit, und all dieses wird uns folgen! Wir lernen, wie wir reich sein können an guten Taten und gesegnet, wie wir Gott fürchten und uns genügen lassen. Wir verlieben uns in den, der die Liebe selbst ist, bis uns nichts in dieser Welt mehr so anzieht wie er …

Juni-Blog-Eintrag von Meredith und Monica

[zwei Studenten der *Iris*-Missionsschule]

27. Juni 2005, 19.40 Uhr

Dies sind ein paar Gedanken, mit denen wir ringen. Wir haben entschieden, Auszüge aus unseren Tagebüchern zu übernehmen, denn man weiß nicht recht, wo man anfangen soll, dieses Erlebnis zu beschreiben. Hoffentlich ist es nicht zu heftig, und wir wollen keinem etwas, der tatsächlich reich ist. Wir legen hier einfach unsere Gedanken offen. Wenn alles gesagt und getan wurde, ist Gott souverän und gerecht und voller Liebe. …

Einer nach dem anderen standen sie auf. Man sah an ihrem Gesichtsausdruck, dass sie erfüllt waren. Erfüllt mit dem Geist. Aus ihren Augen leuchtete eine Stärke, die aus großem Schmerz geboren wird. Lemos, einer der Pastoren, mit denen wir uns befreundet haben, stand unter den Gotteskindern, die das Leid in einer für uns unvorstellbaren Tiefe kennen. Jeder der Pastoren stand dort, weil jemand aus seiner direkten Familie verhungert ist: eine Mutter … ein Kind … die Ehefrau.

Lemos ist ein Mann, der viel Frucht bringt, Frucht der Freude, Geduld und Demut. Immer strahlt er und ruft: „Gracias Deus“ (Danke, Gott)!“ Er hat inmitten von viel Hunger und Sterben gelebt und überlebt. Man könnte doch meinen, dass der Tod die Frucht von Bitterkeit und Ärger hervorbringen würde – besonders gegen unseren Schöpfer. Aber wir erlebten ihn jeden Tag voll der Freude des Herrn.

„Glückselig, die nach der Gerechtigkeit hungern und dürsten, denn sie werden gesättigt werden.“

Matthäus 5,6

Unsere Bibellehrerin sprach heute Nachmittag über das Hungern nach Gerechtigkeit, dem Reich Gottes. Sie sprach darüber, wie anders diese mosambikanischen Pastoren die Schrift sehen, weil das Wort „Hunger“ eine völlig andere Bedeutung für sie hat. Sie wissen, dass ungestillter Hunger zum Tod führt. Diese Pastoren haben solchen Hunger erlebt. Sie verlangen unbedingt nach dieser Gerechtigkeit, ebenso heftig, wie sie nach Essen verlangen. Diese Männer und Frauen sehen das ganze Evangelium in einem anderen Licht als wir Westler – die Worte Jesu haben in den Augen der Armen eine ganz andere Bedeutung und Tiefe.

Dann kamen die Pastoren zu uns und legten uns die Hände auf und beteten, dass wir einen tiefen Hunger nach dem Geist Gottes erleben würden. Als sie beteten, verstanden wir nicht alle ihre Worte, aber wir konnten die Verzweiflung in ihren Stimmen hören. Wir weinten. Wir standen dort, und der Regen strömte von unseren Seelen auf die Dürre unserer Apathie und Selbstzufriedenheit, die uns hindert, Gott wirklich zu suchen. Sprache, Kultur, Hautfarbe, Geschlecht, Klasse – all dies sind scheinbare Grenzen innerhalb der Menschheit. Aber der Geist Gottes kann alle Gruppen von Menschen eins machen, die in Wahrheit seinen Namen anrufen. Diese mosambikanischen Pastoren, so arm sie auch in materieller Hinsicht sind, besitzen einen Reichtum, von dem wir liebend gerne abhaben wollen, und ein Herz, von dem wir ständig lernen.

Gestern Abend wurde der mosambikanische Unabhängigkeitstag gefeiert. In einem Restaurant gab es traditionelles Essen. Natürlich richtete sich das Angebot nur an die Reichen. Wie merkwürdig, wie unbehaglich, wie schmerzhaft für die Seele, in einem Land zu sein, für dessen Menschen unser Reichtum unerreichbar ist. Da saßen wir und verspeisten, mit Blick auf den Ozean, ein festliches Gericht, während kleine Kinder durch die Palmblatt-Wände lugten, um Essen anzusehen, das sie wahrscheinlich nie werden bezahlen können. Es ist ein unheimliches Gefühl, zu wissen, dass wir zu den Menschen in dieser Welt gehören, die mit materiellem Besitz gesegnet sind und wissen, dass sie auch die nächste Mahlzeit auf dem Tisch haben werden.

Mit dem Bewusstsein dieses Segens kommt die Frage nach unserer Verantwortung denen gegenüber, deren nächste Mahlzeit nicht gesichert ist. Können wir wirklich in Christus sein, ohne das Thema Armut ansprechen zu wollen? Zurzeit bewegt uns der Gedanke, dass das Ignorieren des bestehenden Ungleichgewichts zwischen Arm und Reich bedeutet, dass wir uns selbst vom Herzen Gottes lösen. Wie leicht könnten wir unser Leben leben und die in der Welt bestehenden Ungerechtigkeiten ignorieren! Solche Überlegungen drängen uns weit aus unserer Komfortzone heraus, wenn wir darüber nachdenken, wie sie sich in Aktion umsetzen lassen. Wie können wir von hier aus weitermachen?

Wir verließen das Restaurant mit dem Bauch voller delikater Speisen und einem Geist voller verwirrender Gedanken. Nicht Schuldgefühl, sondern Verwirrung – wie hatten wir da sitzen und solche Köstlichkeiten essen können, wenn es am gleichen Ort arme Menschen gibt, die Hungers sterben? Wie kann solch ein Ungleichgewicht existieren? Wir haben gelernt, dass Schuldgefühle und Scham nicht Frucht des Geistes sind, deshalb bitten wir Gott immer wieder, uns vor Schuldgefühlen zu bewahren und unsere Seele mit übersprudelnder Liebe und Freude zu erfüllen. Schuldgefühle scheinen die Wirkung zu haben, dass man überhaupt nicht lieben kann. Nicht Schuldgefühle sind es, die uns zu schaffen machen, sondern eine Frage: Wie sollen wir denn nach Gottes Willen in einer Welt von „Haben" und „Nichthaben" leben? Es ist eine Frage, die uns täglich beschäftigt.

Eine bemerkenswerte Szene erwartete uns bei der Rückkehr zum Kinderzentrum. Die Pastoren rannten voller Freude und Begeisterung aus dem Gottesdienstraum heraus. Jeder hatte eine blaue Plastiktüte mit neuen Sachen dabei. Ehrlich gesagt haben wir solch eine Begeisterung im Zentrum bis jetzt noch nicht erlebt. Ihre Augen strahlten wie bei Kindern am Weihnachtsmorgen. In der Tüte waren ein nagelneues Hemd, eine Zahnbürste, Zahnpasta, ein Stift und Seife. Sofort zogen sie das neue Hemd an statt des alten löchrigen, zerrissenen. Weil sie so wenig haben, freuten sie sich so überschwänglich über die Geschenke. An jenem Abend gab es eine riesige Feier unter den Pastoren, die bis zum nächsten Morgen andauerte. Unser Freund trug sein nagelneues blaues Hemd, sah uns voller Begeisterung an und erklärte, dass irgendwer in Amerika das Hemd für ihn gekauft habe. Wirklich, geben ist besser als nehmen.

Diese Szene, in die wir nach unserem Festessen im Restaurant gerieten, das wir kaum wertgeschätzt hatten, überwältigte uns. Wir setzten uns einfach unter den riesigen Affenbrotbaum und sahen zum Vollmond auf. Alles, was wir im Geist hören konnten, war: „Dies ist Realität." Es wird immer Reichtum und Armut geben, Hungersnot, Krieg und Krankheit. All diese Dinge werden zunehmen, während einige wenige, die Ausnahme, in einer Illusion von Fülle leben. Uns bleibt nur zu entscheiden, wie wir unser Leben führen wollen. Wir beten, dass wir lernen, wie wir Gott und unseren Nächsten inmitten solcher Extreme lieben können.

Reaktionen auf den Blogeintrag

Tom Cooper: 28. September 2005, 11.46 Uhr

Nach meiner *Alija* von den USA nach Israel habe ich viel über den blendenden Reichtum der westlichen Kultur gelernt, und dennoch, so schwer das Leben hier sein kann, habe ich immer noch eine Fülle an guten Dingen, die die Menschen in Mosambik wahrscheinlich auf dieser Seite des Himmels niemals haben werden.

Oft war ich ebenso verwirrt wie ihr und kämpfte gegen die Schuldgefühle an, weil ich ja wusste, dass Gott entscheidet, wer wir sind, wo wir geboren werden, ob in Reichtum oder Armut. Wie ihr sagt, es liegt an uns, welche Art von Leben wir führen – was wir mit dem Reichtum anfangen oder wie wir in unserer Armut reagieren. Der Apostel Paulus sagte, er habe gelernt, sich an beidem genügen zu lassen. Ich glaube, seine Zufriedenheit war ein Ergebnis seines Gehorsams gegenüber dem Heiligen Geist.

Ich bete, dass der Herr mir und meiner Familie die richtigen Perspektiven gibt, himmlische Werte und die Bereitschaft, selbstlos zu geben, damit wir Diener sein können und nicht die, denen der Dienst gilt.

Neal: 28. September 2005, 20.52 Uhr

In den letzten paar Tagen habe ich Gott gefragt, warum Menschen nicht immer mit dem Heiligen Geist getauft werden, wenn sie darum bitten. Und wie kommt es, dass wir nicht viele Heilungen erleben? Warum beten wir für Süchtige und erleben keine Freisetzung? Nachdem ich diesen Blog und eure Anmerkungen gelesen habe, ist es mir ganz klar: „Hungert nach Gerechtigkeit", und wir werden diese Dinge erleben.

Lebensprinzipien: Frisches Brot

Mehr als das Essen und Trinken, das wir zum Leben nötig haben, brauchen wir frisches Brot vom Himmel. Wir brauchen das Brot des Lebens, das nur Jesus geben kann – seine herrliche Gegenwart. Wer geistlichen Hunger hat, wird gesättigt werden, wenn er von Jesus isst und trinkt. Ich bete immer, dass Gott uns solch einen Hunger nach ihm gebe und dass er das heilende Öl seines Heiligen Geistes auf all die ausgieße, die ihn unbedingt wollen. Wir müssen solch einen Hunger willkommen heißen. Wir müssen wie hilflose kleine Kinder vor unserem Erlöser sein und ihm die völlige und absolute Kontrolle über jeden Bereich unseres Lebens überlassen. Dann werden wir erfahren, dass Jesus wirklich mehr als genug ist.

Vor einigen Jahren gab mir der Herr eine Vision, die in unserem ersten Buch „Es gibt immer genug!" beschrieben ist, aber ich will hier noch einmal kurz darauf eingehen. Seit jenem Tag bedeutet mir seine Liebe mehr als alles andere. Ich sah Tausende und Abertausende hungriger Kinder, die alle um Essen bettelten. Ich wusste, ich war verantwortlich dafür, sie zu ernähren, was mich aber völlig überforderte. Ich erinnere mich, wie ich in Panik und Verzweiflung aufschrie: „Nein, nein, nein! Es sind zu viele!" Eine so große Menschenmenge schob sich auf mich zu, die unmöglich je von einer Person ernährt werden könnte. Ich konnte mir nicht vorstellen, wie um alles in der Welt das möglich sein sollte. Damals kümmerten wir uns um etwa 320 Kinder, und das hielt ich schon für eine Menge.

Aber dann zeigte mir Jesus sein Gesicht, und das veränderte alles für mich. Er blickte mich mit Augen der Liebe an, die meine Seele durchdrangen. Er sah direkt in mich mit Augen, die gleichzeitig wie flüssiges Öl und wie Feuer wirkten. Er ließ mein Herz schmelzen. Sein Angesicht war so unbeschreiblich herrlich, leuchtend und strahlend, dennoch bemerkte ich, dass sein Körper gebrochen war – gebrochen durch das Leid, das er für uns ausgehalten hatte. Und dann sagte er zu mir: „Nimm." Er fasste an seine Seite und nahm ein kleines Stück von seinem eigenen Körper und gab ihn mir in die Hände. In meiner Hand wurde es zu Brot. Jesus sagte mir: „Gib es ihnen jetzt zu essen." Ich begann, das Brot zu verteilen, und jedes Kind aß – all die Tausende und Abertausende hungriger Münder. Dann sagte mir Jesus: „Ich bin gestorben, damit es immer genug gibt."

Wir begreifen nicht, wie viel der Gegenwart Gottes uns zur Verfügung steht. Jesus möchte uns so gerne mit seinem Geist erfüllen, damit es immer *mehr als genug* gibt. Nicht, damit wir es selbst eigensüchtig konsumieren, sondern damit wir es weggeben! Jesus möchte uns bis zum Überfließen erfüllen, damit seine Gegenwart jeden Einzelnen berührt, der unseren Lebensweg kreuzt.

Oft sind wir geistlich so unterernährt, dass wir niemandem etwas anbieten können. Wir sind schwache Gefäße, weil wir alle unsere Ressourcen darauf verwenden, dem nachzujagen, was nicht befriedigt. Aber wir brauchen die Gegenwart Gottes mehr als alles andere im Leben. Nur seine Gegenwart wird uns wahrhaftig befriedigen. Gott sucht nach Menschen, die genügend hungrig nach ihm allein sind, um ein Volk mit seiner Gegenwart zu ernähren.

Jeder, der ausreichend verzweifelt hinter Jesus her ist, wird gesättigt werden! Gott sei Dank können wir nichts aus uns selber tun, um diese Versorgung zu verdienen – sie wurde schon für uns bezahlt! Aber wir brauchen ein hungriges Herz zum Empfangen. Und dann wird Jesus vermehren, was immer er in uns gießt, bis wir merken, dass wir anderen zu essen geben – den geistlich Verzweifelten und Hungernden. Er will uns etwas von sich selbst in die Hand geben, was viele versorgt.

Wir leben in einer gebrochenen Welt. Jesus möchte, dass wir das zur Kenntnis nehmen und denen um uns herum helfen, die seine Gegenwart so sehr brauchen. Er will, dass wir uns nach ihnen ausstrecken. Aber wir können nicht mit leeren Händen zu ihnen gehen. Wir brauchen das frische Brot seiner Gegenwart, um den Hungernden zu essen zu geben.

„In den Kongo – und immer weiter"

1. Flug über den Kivusee

2. Bukavu, schön gelegen

3. Der Kivusee

Fotos von der Konferenz in Bukavu

1. „Einfahrt“ zum Parkplatz des Konferenzzentrums

2. Kinder aus Bukavu an der Kirchentür

3. Kochen für die Konferenz

4. Wir tauften viele, die zu Jesus gekommen waren, am See-Ufer in Bukavu.

Kapitel 3

Hungrig nach Jesus

Juni bis Juli 2005

Rollands Update Juni 2005

Unser Leben gewinnt immer mehr an Fahrt. Im Mai beherbergten wir Hunderte Besucher, die kamen, um an den großen Konferenzen im Busch von Mosambik und Malawi teilzunehmen – eine gewaltige logistische Herausforderung. Dreißigtausend versammelten sich in der abgelegenen Stadt Morrumbala, Surpresas Geburtsort, zu Versammlungen mit Todd Bentley und seinem *Fresh Fire*-Team, und zwanzigtausend in Bangula in Malawi mit Ché Ahn und seinem *HIM*-Team. Auch wir selbst und unsere Mitarbeiter warfen uns von ganzem Herzen und mit aller Kraft in den Dienst und sahen Gott unter uns allen viele Wunder wirken. Es gibt noch so viel mehr zu berichten!

Als Nächstes reisten unsere Mitarbeiter zur jährlichen Mitarbeiterfreizeit nach Bilene ganz im Süden, eine überaus wertvolle und notwendige Zeit, wo wir selbst als *Iris*-Familie entspannen und die mächtige Gegenwart Gottes genießen konnten. Heidi, Surpresa und ich waren so froh über diese Möglichkeit, unsere „Truppen“ zu segnen und zu ermutigen und uns alle von unserer prophetischen Gastrednerin Jill Austin so bewegt zu sehen.

Dann machten sich Todd, Ché, ihre Teams und der Rest von uns auf zu unserer nördlichen Base in Pemba und hielten dort weitere Versammlungen in einem großen Zelt ab, das wir gerade aus Dubai hergesandt hatten. Gleichzeitig bereitete sich unsere neue Missionsschule auf über zweihundert internationale Studenten vor. Weil Pemba so abgelegen ist und so eine schlechte Infrastruktur hat, ergaben sich Bauverzögerungen und stressige Bedingungen, die den Besuchern drastisch die Realität vor Augen führten, in der die meisten Bewohner der Erde leben. Aber prächtige, willige Herzen sprangen uns bei und halfen an allen Ecken und Enden, und der Heilige Geist wirkt reichlich in der Schule. Viele sind gekommen, um sich ganz brechen, verändern und auf eine neue Ebene heben zu lassen, und sie werden den Wunsch ihres Herzens bekommen.

Und so bewegt sich der Heilige Geist unter uns und anderen Diensten auf der ganzen Welt schneller, als wir uns je vorgestellt hatten. Wir haben unsere Liebe zu dieser Welt verloren. Das Reich Gottes ist unsere kostbare Perle. Unser König ist unser größter Besitz. Und die Armen und Verzweifelten der Welt laufen zu ihm. Sie wollen sein Feuer und seine Herrlichkeit nicht verpassen. Sie wollen nicht zurückbleiben. Sie wollen den Reichtum ihres Erbes in ihm nicht verlieren.

Jesus ist etwas wert. Er ist alles wert! Wir fragen unsere Leser: „Wer wird sein Leben verlieren, um es zu finden? Wer will Schwierigkeiten wie ein guter Soldat Jesu Christi ertragen und den Lauf laufen, um den Siegeskranz zu gewinnen? Wer schließt sich uns im Erntefeld an und hält nichts zurück? Wer möchte mit Leben und Leidenschaft brennen im Streben nach dem, was rein, vollkommen und ewig ist? Wer will lieben, wie Jesus liebt?“

Heidis Blog-Eintrag

3. Juli 2005, 1.00 Uhr

Ich brauche eure Gebete so sehr. Ich sehne mich nach mehr von Jesus. In den letzten beiden Wochen erlebten wir viele heftige Stürme. Ich weiß, dass Jesus im Boot ist und dass er den Sturm stillt. Das Tolle ist, wie er in übernatürlicher Macht kam, in einer Art, die ich selten erlebt habe. An den Nachmittagen haben wir das Bibelkolleg und die Missionsschule in Pemba, Cabo Delgado zusammengelegt. In seiner wunderbaren Gnade fiel der Heilige Geist jeden Tag auf die vierhundert Studenten. Ich liebe es, Menschen aus der ganzen Welt zu sehen, die gemeinsam mit den jungen mosambikanischen Gläubigen anbeten. Ich liebe es, wenn so viele Leute auf Grasmatten im Staub weinen, weil Jesus seine herrliche Liebe auf die Menschen ausgießt. Es war wunderbar, am Sonntagnachmittag dreiundvierzig junge Gläubige im bewegten, türkisfarbenen Wasser in Pemba zu taufen. Ich predigte über das völlige Eintauchen in das Herrlichkeits-Herz der Liebe Jesu. Der Herr ruft uns tiefer in den Strom seiner Liebe. Er bittet uns, an den niedrigsten Ort der Liebe zu kommen und zuzulassen, dass der Strom Gottes über unseren Kopf fließt. Er führt uns an einen Ort, wo wir so eingehüllt sind von seiner Liebe, dass uns keiner mehr sieht. Wir haben Christi Gesinnung und bleiben an dem niedrigen Ort der Liebe.

Diese Woche machten wir einen Einsatz in einem nahe gelegenen Dorf. In diesem unerreichten Gebiet hielt ich eine Errettungspredigt, und fast alle wollten Jesus als ihren Herrn und Erlöser empfangen. Dann forderte ich die Menschen auf, die Blinden, Tauben und Verkrüppelten zu bringen, damit sie geheilt würden, denn ich merkte, dass Gott das von mir wollte.

Ich hielt einen Taubstummen in den Armen und betete für ihn im Namen Jesu, dass er hören und sprechen möge. Augenblicklich war seine Zunge gelöst und seine Ohren gingen auf. Zum ersten Mal nach fünfzehn Jahren sprach und hörte er! Es war schöner als schön.

Die nächste Frau hatte seit zwölf Jahren nicht mehr gehört. Ich legte die Finger in ihre Ohren und gebot den Ohren, sich im Namen Jesu zu öffnen. Ihr Lächeln erhellte meine Welt, als Jesus ihre tauben Ohren auftat.

Als Nächstes brachten mir einige Missionsschüler einen kleinen Jungen von etwa zwölf Jahren. Er war von Geburt an völlig blind, und seine Eltern hatten ihn aus dem Dorf weggeschickt, damit er in der Stadt bettelte. Der, der ihn in den Straßen von Pemba herumführte, war bei mir auf dem Laster. Ich spuckte auf meine Finger und legte sie auf seine Augenlider. Ich hielt ihn im Arm und wiegte ihn hin und her, weil ich die tiefe Liebe des Vaters für diesen Jungen spürte. Als ich Jesus bat, seine Augen zu öffnen, sah er zum ersten Mal Licht! Er blickte erstaunt umher, als seine Augen von der herrlichen Liebe und Gnade Jesu aufgetan wurden. Ich hielt ihn fest und begann zu weinen, weil es so schön war, was Jesus gerade getan hatte.

Nach solch einem fantastischen Wunder drängten sich andere nach vorn, um auch geheilt zu werden. Eine Frau mit einem seit zehn Jahren verkrüppelten Fuß sprang vor Freude, als ihr Fuß vom Lamm Gottes heil gemacht wurde. Trinker kamen weinend nach vorn und bekundeten ihren Wunsch, gerettet zu werden.

Egal wodurch wir gehen, wir werden es schaffen, denn wir lieben den, der ganz und gar liebenswert ist. Er beruft uns weiterhin, für die Waisen und Witwen zu sorgen. Diese Woche haben wir noch viele mehr aufgenommen. Ein kleiner Junge war fasziniert in der Gegenwart Gottes und hielt seine kleinen Händchen zu Gott erhoben. Schließlich fiel die starke, gewichtige Herrlichkeit Gottes auf dieses Kind, das eben erst Jesus begegnet war.

Ich bin wirklich hin und weg von der Liebe Jesu. Bitte betet weiter für uns. Bitte vergesst uns und unsere tausende Kinder nicht. Ihr seid geliebt.

Heidi

Reaktionen auf Blogeinträge

Nikki: 31. Juli 2005, 12.50 Uhr

Ich weinte voller Sehnsucht, als ich deinen Brief las. Ich bin 28 und seit 24 Jahren Christ. Nach all diesen Jahren werden meine Augen von der überwältigenden Liebe Jesu geöffnet! Mitleid mit den Verlorenen, Verletzten und Sterbenden hat mein Herz ergriffen, wie ich es noch nie zuvor erlebt habe.

Deanna S.: 31. Juli 2005, 8.54 Uhr

Immer wenn ich lese, was passiert, möchte ich dabei sein. Ich bete ernstlich für die westliche Welt, dass sie sich demütigen und beten möge, dass auch wir die Liebe und Herrlichkeit des Vaters sehen, wie sie Afrika gerade erfährt. Nicht nur hier und dort, sondern immer. Ich weine jedes Mal, wenn ich lese, was Gott für die Verlorenen tut – so viel Liebe. Ich bin hingerissen von seiner Liebe.

Heather H.: 1. August 2005, 5.43 Uhr

Danke für die erstaunlichen Zeugnisse von der Liebe und Macht Jesu. Sie lassen mich im Geist vor Freude tanzen! Danke, dass du nicht aufhörst, dein Leben niederzulegen und uns an deinem Hunger nach mehr von Jesus teilhaben lässt. Es ist ansteckend! Die Zeugnisse, die du gibst, sind Nahrung für das Feuer in mir, auch noch viel mehr von ihm zu wollen.

Rollands Blogeintrag

8. Juli 2005, 2.31 Uhr

Hallo, wunderbare Freunde im Leib Christi! Eure Einträge in diesen neuen Blog sind so ausgesprochen ermutigend! Heidi und ich fühlen uns durch euch sehr geliebt von Jesus! Ich werde versuchen, Berichte und Kommentare beizusteuern, wenn ich in abgelegenen Gegenden unterwegs bin, damit ihr nicht erst durch Rundbriefe von uns hört. Möge Jesus hier geehrt und verherrlicht werden und viele ermutigt sein, den Lauf zu laufen, um zu gewinnen. … Bitte schreibt weiter!

Reaktionen auf Blogeinträge

David S.: 10. Juli 2005, 23.45 Uhr

Ich bin sehr ermutigt zu hören, wie Gott sein Reich in Afrika voranbringt und wie er wirken kann, wenn Glaube vorhanden ist. Am meisten ermutigt mich zu sehen, wie Gott durch eure Schwäche wirkt, nicht durch eure Stärke. Er ist *soo* mächtig.

Pippa S.: 16. Juli 2005, 12.20 Uhr

Die Apathie und der Zynismus hier im Westen macht mir sehr zu schaffen. Wir haben so viel, dass wir Christen dazu neigen, uns nicht mehr auf den Herrn zu verlassen. Mit anderen Worten, wir sind zu bequem geworden. Euer Buch hat mir geholfen, meinen Erlöser noch mehr zu lieben. Ich habe gerade die Uni abgeschlossen und ich möchte gerne langfristig in Afrika leben und arbeiten.

Interview mit Pastor Maparo Matola

[Ein kurzes Interview mit einem der einheimischen *Iris*-Pastoren]

Ich heiße Maparo Matola. Ich bin jetzt 26 Jahre alt. Ich bin Pastor einer Gemeinde in Patrus, Momoomba, in einem der Vororte Maputos. Seit zwei Jahren gehöre ich zu *Iris Ministries*.

Wie bist du Christ geworden?

Ich wuchs in einer christlichen Familie auf und las die Bibel. An einem Punkt dachte ich, dass ich nicht mehr gerettet werden müsse. Aber eines Tages hörte ich Mama Eida [Heidi] predigen. Sie sagte: „Wer von euch gerade jetzt zum Himmel gehen möchte, der muss Jesus empfangen." Also ging ich vor und empfing Jesus. Von dem Tag an fing ich an, über die Dinge Gottes zu lernen, zu lernen, zu lernen! Aber bald danach bekam ich eine Arbeit und blieb der Gemeinde fern. Ich war meiner Arbeit mehr hingegeben als dem Dienst für Gott. Doch nach einem Jahr sprach der Herr zu mir und berief mich in den vollzeitigen Dienst. Ich sprach mit Mama Eida darüber, und sie gab mir ein paar Ratschläge. Sie wollte wissen, ob ich zwei Jahre lang zu einer Bibelschule gehen wollte. So fing ich meinen Dienst an.

Warum geschehen deiner Meinung nach heute Wunder?

Ich glaube, dass Gott vor nichtgläubigen Menschen sehr gerne deutlich macht, dass er die Heilungskraft ist. Wir unsererseits müssen nur Glauben haben. Gott will zeigen, dass Menschen durch Glauben geheilt werden können.

Seit ich von *Iris* ausgesandt wurde, habe ich Gott eine Menge tun sehen, besonders Wunder. Ich betete früher für viele Menschen und erwartete, dass sie geheilt würden, aber solche Sachen passierten nicht. Aber ich betete weiter und weiter und weiter und weiter. In der letzten Zeit jetzt habe ich Gott viele Wunder wirken sehen. Manchmal bete ich für einen Kranken, und er wird augenblicklich geheilt. Manchmal haben wir in Lobpreis und Anbetung gesungen, und jemand steht einfach auf und gibt Zeugnis: „Als ich herkam, war ich krank, aber seit der Anbetungszeit eben geht es mir gut."

Neulich betete ich zum ersten Mal für einen Tauben. Er hatte von Geburt an weder Hör- noch Sprechvermögen. So kam er zur Gemeinde, und wir beteten. Sofort war er geheilt! Also, wir haben viel erlebt, besonders Wunder.

Wie viele Mitglieder hat deine Gemeinde?

Jetzt sind wir 350 Menschen. Wir haben viele kleine Zellgruppen. Wenn solch eine Gruppe auf etwa zwanzig angewachsen ist, gründen wir eine Gemeinde. Jeden Tag der Woche gehen wir hin und besuchen all die Zellgruppen, Tag für Tag. Aber am Sonntag kommen wir alle zusammen, wir alle.

Wie viele Menschen kommen pro Woche zu Jesus – werden Christen?

Menschen kommen hier nicht „pro Woche" zu Jesus – sie kommen jeden Tag zu Jesus! Jeden Tag gibt es zehn bis zwanzig Leute, die zu Christus kommen. Während des Tages gehen wir auf die Märkte, wir gehen an die Bushaltestellen, in die Schulen, die Krankenhäuser und sprechen über Jesus, und jeden Tag wollen Menschen zu ihm kommen.

Was, glaubst du, wird in Zukunft mit deiner Gemeinde geschehen?

Ich erwarte ganz stark, dass es eine wirkliche Bewegung des Heiligen Geistes geben wird. In den vergangenen Jahren haben die Menschen nicht wirklich an den Heiligen Geist geglaubt. Sie dachten, der Heilige Geist sei nur etwas für die Pfingstgemeinden oder für die Weißen. Was ich aber sehe und erlebe, ist, dass das Feuer des Heiligen Geistes in Mosambik wirklich wirkt.

Nachrichten aus Mosambik

Monica Miller: Ende Juni/Anfang Juli 2005

Du weißt, dass du in Pemba in Mosambik bist, wenn …

1. du ruhig und gedankenverloren in einer Menschenmenge stehst und dir das Baby auf dem Rücken der Frau vor dir auf den Fuß pinkelt.
2. du auf dem Weg zur Gemeinde von einem angeleinten Affen gebissen wirst.
3. du beim Aufruf deine Bibel mit nach vorn nehmen musst, damit sie nicht gestohlen wird.
4. deine Haut nach dem Duschen eine ganze Schattierung heller ist.
5. sich herausputzen bedeutet, dass man etwas anzieht, was erst einmal getragen ist, und sich zum Ausgehen fein machen heißt, ein Baby-Feuchttuch zu benutzen.
6. du beim Aufruf hinten in der Kirche wie eine Verrückte herumrennst, weil es dich so furchtbar juckt.
7. du vor Freude herumhüpfst, weil du eine Glühbirne fürs Klo bekommen hast.
8. das Zusammenleben mit zwölf jungen Frauen in einem Raum als „Platz bekommen" gilt (weil du davor mit dreißig zusammengewohnt hast).
9. du so bewegt bist vom Geist, dass du in den Ozean springen musst, nur um dann heulend auf einem Felsen zu hocken und dir von einem fremden Fischer einen Seeigelstachel aus dem Fuß entfernen zu lassen.
10. das Badezimmer aus einem Loch im Boden besteht.
11. „Ziege zum Dinner" richtig gut klingt.

Ihr merkt, das Leben hier ist so amüsant wie verblüffend. Wir sind glücklich, gesund und ein bisschen dreckig.

Seloma [„hallo" auf Makua], meine lieben Freunde und Verwandten! Ich stehe immer noch voller Staunen vor dem, was Gott hier in Afrika tut, und wollte euch ein kurzes Update geben.

In letzter Zeit hat Gott mich gebraucht, um zu den Frauen und Kindern in der Gemeinschaft einen guten Kontakt aufzubauen. Jede Woche nehme ich andere Waisen mit zum Eisessen an den Strand, zum Schwimmen, zum Spielen – einfach nur, um ihnen eine besondere Unterbrechung des Alltags zu geben und ganz persönliche Aufmerksamkeit zu widmen.

Ich habe mich in Pemba mit mehreren Frauen meines Alters befreundet und versuche, jede Woche mit jeder von ihnen Zeit zu verbringen.

Große Neuigkeit in Pemba – gerade wurde eine Gemeinde gegründet! Diese neue Gemeinde gibt es erst seit drei Sonntagen, und es ist wunderbar dort – viel Singen und Tanzen. Jeden Sonntag wird sie größer. Es ist ein großes Zelt (wie ein Zirkuszelt), und ich würde schätzen, dass diesen Sonntag zweihundert Dorfbewohner den Gottesdienst besuchten. Fünfzig Leute kamen vor, um Christen zu werden. Der kleine hölzerne Altar brach unter dem Gewicht der Betenden fast zusammen. Herrlich!

Viele von euch werden sich erinnern, dass ich mich geführt sah, einige eurer Spenden für portugiesische Bibeln für die neuen afrikanischen Pastoren zu verwenden, die gerade die Ausbildung bei *Iris* machen. Nun, davon muss ich euch erzählen. Ende Juni erhielten 178 frisch ausgebildete Pastoren ihre Bibeln im Rahmen ihres Aussendungsdienstes. Mit den Bibeln bekamen sie auch einen Stift und ein Notizbuch. Ich kann nicht ausdrücken, was ihnen diese Geschenke bedeuten. Außer den Kleidern, die sie tragen, ist dies üblicherweise ihr einziger Besitz. So bald wie irgend möglich schrieben sie ihren Namen überall in die Bibel ein, um sie zu ihrem eigenen, wertgeschätzten Besitz zu machen.

Zwar sind die meisten der Pastoren Männer, aber es gibt fünf Pastorinnen. Das freut mich, und ich habe mir viel Zeit genommen, sie kennenzulernen und von ihnen zu lernen. Wie ich sie bewundere! Zusätzlich zum Pastorendienst machen sie vieles, was afrikanische Frauen jeden Tag tun, z. B. sind sie es, die das Essen zusammensuchen, kochen und sich um die Kinder kümmern. Viele afrikanische Frauen sind wie Alleinerziehende, denn die Männer gehen in die Städte und suchen Arbeit. Das Leben ist schwierig. Aber es ist wunderbar zu erleben, dass auf afrikanische Frauen hier nicht herabgesehen wird; weibliche Leiter sind üblicher.

Wie hat Afrika meinen Glauben vermehrt? Wo soll ich anfangen? Ich erlebe Heilungen wie nie zuvor im Leben. An diesem Punkt ist das Evangelium in Afrika zehnmal besser als im Westen! Die Leute hier sind ganz stark hinter dem Wort Gottes her. Sie glauben, und sie werden geheilt. Die Einfachheit ihres Glaubens ist gewaltig! Sie sind so hungrig. Stellt euch jemanden vor, der den allergrößten Hunger leidet: Noch hungriger sind die Afrikaner nach Gott – so hungrig und durstig nach dem Wort! Wie sie das Evangelium in Afrika lesen und verstehen, ist gewaltig. Ich habe solch einen Glauben an Gott noch nie erlebt. Wenn du die Heilige Schrift mit den Augen von Afrikanern ansiehst, dann verstehen sie sofort „Trachtet zuerst nach dem Reich Gottes, und alles andere wird euch zufallen.“ Sie glauben mit jeder Faser ihres Herzens! Du erlebst, wie die Hungersnot aufhört; du siehst Dörfer, die geheilt werden und Jesus bezeugen.

Ich lerne, welche Gaben mir gegeben sind, und wie ich beten und Dinge geschehen lassen soll; wie ich Gott durch mich wirken lasse. Gott hat mich benutzt, um ein Heilungssegen zu sein. Ich lege vielen Leuten die Hände auf und bete für sie – manchen, die als „unberührbar“ gelten. Mit jedem, für den ich betete, ist etwas geschehen, jeder hat irgendwo in seinem Leben Heilung erlebt. Nicht sofort, aber später, Tage später, suchen sie mich und erzählen, wie sie geheilt oder verändert wurden. Die Kraft der Liebe ist so riesig! Die Geringsten anrühren und ihnen Liebe geben – nichts hat stärkere Auswirkungen.

Das Schwierigste an meiner Arbeit ist, mit dem Kontrast meines Lebens zu der Armut der Afrikaner klarzukommen. Ich fühle mich wegen meines großen Wohlstands schuldig. Ich bin gesegnet mit so grundlegenden Dingen wie fließend heißes und kaltes Wasser. Wenn ich sehe, wie in Pemba Dorfbewohner Wasser aus Pfützen lecken, muss ich weinen. Oft weine ich über die vielen Ungerechtigkeiten, und wenn ich weine, bete ich und lese in der Bibel. Das Wort Gottes tröstet mich sehr, besonders die alttestamentlichen Propheten. Bei den Propheten gibt es immer Hoffnung, besonders bei Jesaja. Ja, Gott hat mir Augen gegeben, die Ungerechtigkeit zu sehen, aber durch sein Wort finde ich die Sicherheit, dass am Ende Liebe und Freude die Ungerechtigkeit übertreffen werden. Das ist der Segen.

Ich lerne, wie ich wieder zum Vaterherzen Gottes zurückkomme. Es ist wie die wahre Natur Gottes. Durch die afrikanischen Pastoren verspüre ich so viel personifizierte Liebe. Ich liebe es, wenn sie mich mit ihren Augen lehren. Ich habe so viel mehr Liebe und Freude, einfach weil ich hier bin. Ich bin geschaffen, um hier zu sein; ich bin geschaffen, um in Afrika zu sein und mit den Armen zu leben. Ich verspüre solch einen wirklichen und wunderbaren Frieden, Liebe und Freude!

Agape,
Monica Miller
Studentin der *Holy Given Mission School*, Pemba, Mosambik

Lebensprinzipien:
Die Hungernden bekommen immer zu essen

Hast du Hunger?

Etwas, was wir gelernt haben, als wir Armen Nahrung gaben, ist, dass die Hungrigen immer zu essen bekommen. Die Hungrigen essen, die Durstigen trinken. Sie sind radikal, was ihren Hunger angeht. Es ist ihnen so wichtig, Nahrung zu bekommen, dass sie alle Apathie hinter sich lassen. Es gibt nicht diese Einstellung: „Na ja, wenn wir es bekommen, dann gut, wenn nicht, dann eben nicht …“

Manchmal ist die Kirche so. „Was immer Gott vorhat, ich bin einverstanden“, sagen wir. „Hier bin ich – wenn er mir was zu sagen hat, weiß er ja, wie er mich erreicht.“ Aber etwas an dem Menschen mit einer verzehrenden, verzweifelten Sehnsucht nach Jesus berührt Gottes Herz.

Ich gebe gerne zu, dass ich unersättlich nach Gott bin. Mich verlangt so sehr nach allem, was Gott mir zu bieten hat, dass ich Leute aus jeder Gemeinderichtung für mich beten lasse. Es ist mir ganz egal, wer sie sind, woher sie kommen oder wie sie aussehen. Wenn sie eine Salbung von Gott haben, dann will ich das auch!

Einmal betete ein Pastor für mich, und Gott berührte mich tief. Unsere Hintergründe und Erfahrungen unterschieden sich in schwindelerregendem Ausmaß. Ich hatte damals schon seit Jahren in den Slums gelebt, unter den Armen gearbeitet, war durch Dreck gelaufen. Mein Freund trug einen Achttausend-Dollar-Anzug und erzählte von seinem 15-Millionen-Dollar-Haus. Es wäre eine gewaltige Untertreibung zu sagen, dass wir in etwas unterschiedlichen Welten lebten.

Aber er hatte eine Salbung. Also pfiff ich auf sein 15-Millionen-Dollar-Haus und dachte: „Was auch immer der Kerl hat, ich will es auch“ – weil ich nämlich unersättlich nach Gott bin. Sein Haus wollte ich nicht, aber ich wollte seine Salbung. Ich störte mich nicht an der Verpackung. Die Verpackung kann einen ärgern. Aber wen kümmert die Verpackung? Wir müssen bei dem zugreifen, was Gott für uns hat, denn wir wissen, das ist immer gut.

Ich habe viel Zeit auf der Müllkippe verbracht. Es ist mein Lieblingsaufenthaltsort. Die Leute dort sind so hungrig, dass sie buchstäblich aufeinander treten, wenn es Essen gibt. Sie sind so verzweifelt, dass sie sich gegenseitig wegschubsen und abdrängen, um als Erste zu essen zu bekommen. Es hört sich nicht schön an, ich weiß, aber die, die am lautesten schreien und am heftigsten schubsen, bekommen als Erste zu essen. Die, die sich anstrengen, bekommen immer Brot.

Das habe ich oft und oft beobachten können, und so fragte ich Gott: „Was soll das?“ Er sagte: *Die Hungrigen bekommen zu essen. Die Durstigen bekommen zu trinken.* So einfach ist das.

Was das Geistliche angeht, versuchen die meisten Christen im Westen von Junkfood zu leben: Zuckerwatte, Diätcola, Fabriktörtchen. Nie essen sie etwas anderes, und dann klagen sie über Schlappheit. Warum sind sie schlapp und müde? Weil sie versuchen, von Junkfood zu leben! Warum wollen die Menschen mit Wertlosem überleben, obwohl Gott uns doch ein Festessen bereitet? Statt Sachen zu essen, die uns krank machen, müssen wir das essen, was uns stark und gesund macht. Wir müssen ständig von Jesus essen. Wir müssen von ihm trinken.

Ich bete für dich, dass Gott einen heiligen Hunger in dir bewirkt.

In Jesaja 55,1 heißt es:

„Auf, ihr Durstigen, alle,
kommt zum Wasser!
Und die ihr kein Geld habt ...“

Manchmal hat man das Gefühl, die westliche Kirche werde durch ihren Reichtum disqualifiziert. In Afrika ist es wegen der Armut unmöglich, so zu denken. Wenn es in Afrika Zeit für den Gottesdienst ist und alle Leute kommen, gibt es nie ein Parkplatzproblem. Wenn wir auch nur ein Auto auf dem Parkplatz sehen – bei 4000 Gottesdienstbesuchern –, dann ist das eine große Sache: „Wow! Wer hat ein Auto? Das muss ein wirklich wichtiger Mann sein!“

In Afrika können wir zu Gott nur mit unserer Armut kommen. Aber im Westen haben wir oft die Einstellung, wir müssten für die Gaben, die Gott uns umsonst geben möchte, bezahlen. Die größte Falle ist zu denken, dass wir Gottes Segnungen mit unserer geistlichen Disziplin bezahlen müssen. Ich lehre ständig über geistliche Disziplin, aber Fakt ist: Man kann niemandem das Essen bezahlen, das schon umsonst gegeben wurde. Man kann nicht für etwas bezahlen, was bereits vom Blut des Lamms erworben wurde. Es ist umsonst!

Wenn du durstig bist, lädt Gott dich ein zu kommen und zu trinken. Er will, dass du ohne dein Geld kommst. Lass dein Portemonnaie zu Hause, weil du dieses Essen und Trinken nicht kaufen kannst. Es ist unverkäuflich.

Warum wiegt ihr Geld ab für das, was kein Brot ist,
und euren Verdienst für das, was nicht sättigt?
Hört doch auf mich, und esst das Gute,
und eure Seele labe sich am Fetten!

Jesaja 55,2

Verschwende deine Zeit nicht mit dem Konsumieren von dem, was dich schwächt. Verbringe deine Zeit damit, um die Gegenwart Gottes zu ringen. Werde so innig vertraut mit Jesus, so voll von ihm, dass es egal ist, welche Herausforderungen das Leben für dich hat. Du wirst dann geistlich so erfüllt sein, dass du einer Menge Nöte anderer Menschen begegnen kannst. Jesus wird dir mehr als genug geben!

Fotos zu Rollands Juni-2005-Update

1. Heidi spricht zu einem Besucherteam in Pemba

2. Taufe am Strand in Pemba

Kapitel 4

Christus von der Müllkippe

Juli bis August 2005

Rollands Blogeintrag für Juli

8. Juli 2005, 2.31 Uhr

Hallo, wunderbare Freunde im Leib Christi! Eure Einträge in diesen neuen Blog sind so ausgesprochen ermutigend! Heidi und ich fühlen uns durch euch sehr geliebt von Jesus! Ich werde versuchen, Berichte und Kommentare beizusteuern, wenn ich in abgelegenen Gegenden unterwegs bin, damit ihr nicht erst durch Rundbriefe von uns hört. Möge Jesus hier geehrt und verherrlicht werden und viele ermutigt sein, den Lauf zu laufen, um zu gewinnen. … Bitte schreibt weiter!

Ganz herzliche Grüße in ihm
Rolland

Antworten auf Blogeinträge

Heather Harmon: 13. Juli 2005, 5.34 Uhr

Danke euch beiden, dass ihr euer Leben nicht nur in Afrika investiert, sondern auch in die westliche Christenheit. In den vergangenen paar Jahren habe ich einen Jesus kennengelernt, von dem ich in der Kirche nie gehört hatte. Jetzt verstehe ich endlich – eigentlich geht es darum, den Berg der Opfer zu besteigen bis an die verborgenste Stelle, an der ich je war, damit ich mich völlig hingeben und den lieben kann, der es liebt, geliebt zu werden, und der meine Seele liebt. Es geht darum, immer wieder in die Verborgenheit zu gehen, weiter und weiter, bis ich vollkommen in ihn eintauche. Hier werden nicht nur die Strategien des Himmels offenbart, sondern hier begreife ich wirklich, dass ich nicht Waise bin, sondern vom König adoptiert! Aber dabei muss ich nicht stehen bleiben! Jetzt kann ich ohne Angst an die dunkelsten Orte der Welt gehen, als vollkommen ausgelieferter Liebender und leuchtendes Licht Jesu Christi, voller Freude (denn Gott ist nie schlecht gelaunt!), und lieben lernen. In allem geht es nämlich immer nur um die LIEBE.

Perspektiven der Pastoren von *Iris Ministries*

[Das Folgende wurde von David Barker in den Blog gestellt, einem Pastor aus Australien, der uns besuchte und einige der *Iris*-Pastoren interviewte. Er greift auch auf seine eigenen Erinnerungen an den Besuch zurück.]

[Gespräch mit Pastor John]

Medizinmänner bekehrt

Ich bin jetzt seit acht Jahren Pastor. Ich wohne in der Provinz Shopa in Gaza, Mosambik. Seit vier Jahren bin ich hier. Ich danke Gott, dass er mich in dieser Gegend wirklich benutzt. Vierzehn Zellgemeinden habe ich schon gegründet. [Anmerkung: Wenn eine Zelle auf zwanzig Mitglieder anwächst, teilt sie sich, bildet eine neue Zelle und wächst weiter.] Ich bin siebenundzwanzig Jahre alt.

Im Moment gebraucht mich Gott für Heilungen. Ich habe für so viele Menschen mit unterschiedlichen Krankheiten gebetet, sogar für Leute mit Dämonen. Neulich betete ich für jemanden, der sehr krank und seit sechs Monaten bettlägerig war und gar nichts mehr tun konnte. Wir waren in seiner Gegend, weil wir dort eine Kampagne starten wollten. Ich ging zu ihm nach Hause, betete für ihn, und er wurde sofort geheilt. Da stand er auf und kam zu den Versammlungen! Seine Familie war völlig aus dem Häuschen.

Wir haben auch erlebt, dass Medizinmänner zu Jesus kommen. Momentan habe ich sechs ehemalige Medizinmänner in meiner Gemeinde, die gerettet wurden. Bei ihrer Errettung verbrannten sie alles, was sie als Medizinmann gebraucht hatten. Diese Leute wurden mehrere Jahre in der Jüngerschaft gelehrt und sind jetzt sehr stark im Herrn. Gott benutzt sie, um andere zu heilen. Sie wollen mehr von Gott. Und jetzt haben sie die Möglichkeit, junge Leute über Gottes Wege zu unterrichten.

[Gespräch mit Ivan, Pastor in der Ausbildung. Ivan gehörte zu den ersten Kindern im *Iris*-Waisenhaus, als es 1995 von Heidi und Rolland gegründet wurde. Jetzt ist er einundzwanzig Jahre alt, strahlt die Liebe Christi aus und macht in der Bibelschule eine Ausbildung für den Gemeindedienst.]

Brotwunder für die Armen

Jede Woche helfen wir den Armen hier im Straßeneinsatzdienst. Vor ein paar Jahren gingen wir einmal die Straße runter und kauften Brote. Wir kauften fünfzig Stück und verteilten sie an die armen Menschen auf der Straße, und das Brot reichte nicht. Wir hatten nicht genug Geld dabei, um mehr zu kaufen. Da machten wir Folgendes: Wir richteten unseren Blick auf Jesus und beteten und legten das Brot in unsere Mitte. Dann beteten wir ein zweites Mal. Als wir wieder aufsahen, waren ein paar völlig unbekannte Menschen hergekommen mit einigen Kisten Brot, die sie uns gaben – genau in dem Moment, an der Stelle. Diese Menschen, die das Brot brachten, kannten Jesus nicht, sie fühlten sich damals nur gedrängt, mit Brot für die Armen und Leidenden zu uns zu kommen.

Wir sind so froh, weil wir wissen, dass Gott Menschen anrührt. Gott wirkt immer noch stark in Mosambik. Und wir wissen, dass Jesus für uns ist. Wenn wir glauben, dann zeigt Jesus, dass er das Brot des Lebens für uns ist!

Der Christus der Müllkippe

David Barker: 22. Juli 2005, 8.37 Uhr

Während meines Besuchs in dem Waisenhaus der *Iris Ministries* in Maputo in Mosambik hatte ich Gelegenheit, an einem Gottesdienst auf der *Bocaria* teilzunehmen, der riesigen Müllkippe außerhalb von Maputo. Wir Besucher, Mark, Sue und ich, sowie Katrina (eine deutsche Missionarin) und unser mosambikanischer Übersetzer Dominguez (ein Bibelschüler) trafen uns im Autohof und beteten für die Versammlung und dass unser Fahrzeug nicht ausgeraubt werden würde, während wir in der Kirche saßen! Katrina schlug vor, dass jeder, der während des Betens ein Wort vom Herrn empfinge, bereit sein sollte, es mitzuteilen.

Wir kletterten in den Laster und fuhren zehn Minuten vom Waisenhaus zur Müllkippe. Dominguez verstand Englisch besser, als er es sprechen konnte, und er machte sich Sorgen, ob er richtig übersetzen könnte, deshalb betete Mark während der Fahrt für ihn.

Wir kamen zur Müllkippe, als es dunkel wurde, rumpelten einen holperigen Dreckweg entlang bis ganz nach oben und drehten dann rechts ab. Rechts türmten sich Müllberge auf dem Hügel, hundert Meter hoch, einen Kilometer lang bis zum Hauptweg. Etwa alle fünfzig Meter brannte ein Feuer, wodurch das Abfallvolumen verringert werden sollte. Über allem hing der Rauch, der durch die Luft zog, es stank nach einer Mischung aus Feuer und Müll. Hier und dort waren Silhouetten von Menschen zu erkennen, die auf der Suche nach Essen oder wiederverkaufbarem Schrott herumwühlten. Es war eine apokalyptische Szene.

Heidi hatte in den ersten Jahren ihres Dienstes Mitte der Neunziger begonnen, regelmäßig zur Müllkippe zu gehen, weil sie wusste, dass sich in Drittweltländern dort die gesellschaftlich Niedrigsten und Verachtetsten einfinden. Sie fingen an, Straßenkinder von der Kippe in ihr *Iris*-Zentrum zu holen. Schließlich begannen sie dort evangelistische Versammlungen abzuhalten, und bald hatte sich eine Gemeinde gebildet. Am Fuß der Kippe wurde ein kleines Stück Land erworben und ein Kirchengebäude errichtet (Fußboden aus Lehm, Wände und Dach aus Stroh).

Wir konnten Singen hören, als wir das Auto direkt vor der Kirche parkten. Wir gingen in den schwach erleuchteten Raum. Zwei Kerosinlaternen hingen von den Stützpfosten. Eine schmale Betonbühne von anderthalb Metern bildete die Vorderseite des Raumes. Auf der Bühne standen sieben Kinder, von ein paar sechzehnjährigen Mädchen bis hinunter zu fünf Jahren alt, und sie leiteten die Anbetung. Von ihren Gesichtern war nur das Strahlen zu erkennen, es war so dunkel! Sie sangen leidenschaftlich, näselnd und richtig. Vor ihnen auf dem Lehmfußboden war der Pastor. Ihnen zugewandt stand die Gemeinde, insgesamt fünfundzwanzig Leute, und einige Kinder, in dünne Baumwollsachen gekleidet. Das Singen hörte auf, und der Pastor begann zu beten. Er schüttete sein Herz in eindringlichem Gebet aus, seine Stimme hob und senkte sich mit der Qual und dem Verlangen in seinem Herzen. Eine Viertelstunde lang flehte er den Herrn im örtlichen Shangi-Dialekt an (in Mosambik gibt es sieben Hauptsprachen und achtundvierzig Dialekte).

Mark, ein ordinierter Pastor, ging zu Katrina und sagte, er habe während der Anbetung ein Wort empfangen. Katrina erhob sich, stellte die Besucher vor und bat Mark zu sprechen. Mark gab ein gutes Wort darüber weiter, wie man Gott in inniger, leidenschaftlicher Anbetung nahe kommt. Er sagte, den Menschen würden neue Lieder zu singen gegeben werden, die sie in innigere Nähe zu Jesus führen würden. Dann betete er für alle, dass ihnen das gegeben würde, während die Sänger wieder mit Liedern anbeteten. Eine Weile herrschte ein heiliges Chaos, weil Mark das Singen mit lauter Stimme übertönte und dann auch noch übersetzt wurde. Er begann Menschen Hände aufzulegen. Einige fielen unter der Kraft Gottes nieder, so auch alle Lobpreissänger. Jetzt beteten auch Sue, Katrina und ich unter der Anleitung des örtlichen Pastors für andere.

Gegen Ende dieser Gebetszeit fragte der Pastor, ob jemand ein Zeugnis über das soeben Geschehene zu geben habe. Viele ergriffen das Wort, und die Gemeinde wurde auferbaut. Ein Ältester sagte, Gott habe ihm gezeigt, dass die Gemeinde sich sehr schnell ausbreiten und wachsen würde, und die Gemeinde war ermutigt.

Nach den Zeugnissen bat der Pastor alle Besucher, sich vorn aufzustellen, weil die Gemeinde uns „segnen" wolle. Viele kamen nach vorn, um uns die Hände aufzulegen und zu beten. Eines der jungen Mädchen aus dem Lobpreisteam stand zusammen mit einer älteren Frau vor mir. Mir kam der Gedanke, dass ich hier an einem der reichsten Orte der Erde war, weil diese Menschen Jesus so leidenschaftlich liebten und gut kannten. Dies war der Leib Christi, der da vor mir stand und mir diente. Noch besser sogar: Ich erkannte in ihren Augen die Wesenszüge Jesu, so wie man oft die Ähnlichkeit zu einer Mutter sehen kann, wenn man ihre Tochter ansieht. Jesus selbst kam mir nahe – er war in ihren Gesichtszügen zu erkennen!

Die junge Frau strahlte mich an. Sie begannen zu beten, und ich schloss die Augen. Bald lag ich auf dem Beton, sie beteten weiter und legten dabei sanft die Hände auf mich. Ich konnte sie nicht verstehen, weil mir ihre Sprache fremd war, aber im Geist wurde ich gesegnet. Ich lachte und weinte gleichzeitig. Es war allzu schön, und ich war Gott dankbar, dass er mich seine Gegenwart und Freude hier in diesen bescheidenen äußeren Umständen erleben ließ. Er ist der Christus der Müllkippe!

Der Gottesdienst kam zum Ende. Wir verabschiedeten uns, doch als wir aus der Kirche in die stinkende, kühle Nachtluft hinaustraten, setzte spontanes Singen ein. Wir kletterten hinten in unseren Lastwagen, und die halbe Gemeinde drängte sich auch noch hinein. Wir fuhren los, und wieder wurde gesungen, freudig und leidenschaftlich, während wir den Hügel hochrumpelten. Als wir den Hauptweg erreichten, drängten sich alle Einheimischen hinaus und verliefen sich in ihre jeweiligen Unterkünfte, und wir fuhren weiter zum *Iris Center* in Zimpeto. Wow! Welch eine Erfahrung!

Einträge von Blogbesuchern im August 2005

[Noch einige August-Einträge]

Tim S.: 19. August 2005, 6.07 Uhr

Ich könnte mich natürlich hinsetzen und die verschwendeten Jahre meines Lebens bedauern (und ich bin sicher, dass es vielen ebenso geht). Aber lieber bete ich, dass ich jetzt der Stimme des Herrn gehorchen möge, damit die vor mir liegenden Jahre Frucht bringen für sein Reich.

Der letzte Monat war davon geprägt, dass ich von einer Welt erfuhr, die mir bislang unbekannt war. Eine Welt, die ich, wie die meisten im Überfluss des Westens, vielleicht lieber ignoriere. Wie leicht lassen wir uns vom Reichtum um uns herum einlullen. Wie leicht lassen wir diese Dornen das Wort des Evangeliums in unserem Herzen ersticken. Von den allergrundlegendsten „Notwendigkeiten" in unserem Leben können die Leute, denen ihr dient, nur träumen.

Wie arrogant wäre es zu glauben, dass ich für die Gläubigen in Mosambik beten könnte mit ihrem überfließenden Reichtum im Himmel! Wir brauchen ihre Gebete – um mit unserer Liebe zur Bequemlichkeit und unserer Abhängigkeit vom Reichtum dieser Welt brechen zu können.

Brian C.: 20. August 2005, 2.17 Uhr

Ich hätte nie gedacht, dass ich je die Gelegenheit bekommen würde, etwas von dem zu sehen und zu erleben, was ich in Berichten über das Geschehen in Drittweltländern las. Aber nachdem ich euch letzten Februar/März sprechen hörte, reiste ich mit einem Team nach Guyana in Südamerika.

Ich bin niemand Besonderer, ein Niemand aus Nirgendwo. Aber am zweiten Abend erlebte ich, wie „der Himmel offen stand", und jeder, den ich anrührte, wurde geheilt. Als ich den staunenden Blick einer alten Hindu-Frau bemerkte, deren faustgroßer Tumor innerhalb eines Augenblicks verschwand, erfasste ich an jenem Abend auch, dass all diese Zeichen und Wunder für die Verlorenen geschehen, die Armen, die Verzweifelten, die Menschen, deren einzige Hoffnung Jesus ist. Drei Monate später hörte ich von dem Pastor der kleinen Inselgemeinde, dass die ganze Familie dieser zierlichen alten Frau wiedergeboren worden war – aufgrund dieses einen Wunders.

Der Punkt ist: Doch, wir können hingehen und für die Menschen in Afrika oder sonstwo beten. Wir müssen es nur wirklich wollen. Wenn du dahin gehst, wo die Armen und Verzweifelten sind, mit einem Dienst, der an Evangelisation in der Kraft des Geistes glaubt, dann wirst du weit mehr gebraucht werden, als du dir je erhoffen oder vorstellen konntest. Nicht weil du so viel wert bist, sondern weil du gegangen bist, und wenn du es tust, dann wirst du für immer verändert sein.

Lebensprinzipien:
Es geht um Liebe, nicht um Sieg

Manchmal neigen Menschen dazu, nur die herrlichen Geschichten dieser von Jesus geleiteten Erweckung lesen zu wollen, aber es gibt auch Situationen, die Mut erfordern. Sieht man das Leben hier nicht im Ganzen, bekommt man einen unausgewogenen Eindruck von Gottes Wirken. Oft lehrt er uns etwas über seine herrliche Gegenwart durch Leiden.

Einmal versammelten wir uns und beteten für vier von unseren Kindern, die wirklich krank waren. Sie hatten Masern und Malaria, und zwei von ihnen sind schließlich gestorben. Das geschah, kurz bevor wir zu unserem jährlichen Mitarbeitertreffen abreisen mussten. In jenem Jahr hatten wir einen Gastsprecher, der unseren 160 Mitarbeitern dienen wollte. Vergesst nicht, die Kinder, die gestorben waren, waren *unsere* Babys, *unsere* kostbaren Kinder. Ich war wirklich nicht beeindruckt, als der Gastredner uns predigte: „Ihr müsst einfach alle mehr lachen!“, und dachte: „Ich glaube nicht, dass der Herr jetzt lacht!“ Ja, eigentlich wollte ich sagen: „Du spinnst wohl, mein Freund!“ Aber ich musste mich entscheiden. Sollte ich mich über diesen Menschen ärgern und ihn abwürgen, oder sollte ich ihn segnen? Am Ende segnete ich ihn natürlich, aber ich war sehr erschüttert.

Gleich am folgenden Montag lag ich hingestreckt auf einer Grasmatte mit der Mutter eines der verstorbenen kleinen Mädchen. Ich lag da mit dieser Frau, weinte mit ihr und hielt sie im Arm. Da sprach Gott zu mir: „Heidi, es geht um Liebe. Es geht nicht immer um Sieg.“ Unser Leben kann nicht immer nur voller Sieg und Herrlichkeit sein – aber es *muss* voller Liebe sein. Liebe ist geduldig und freundlich und langmütig. Gott liebt überfließend, unergründlich, unablässig und endlos. Genau das ist nötig, wenn man auf dem Boden liegt und eine trauernde Mutter im Arm hält.

Wir alle brauchen eine Ladung heiliger Liebe, die uns so motiviert, dass es egal ist, was irgendwer uns antut – dass wir ihn einfach trotzdem lieben. Wenn dich jemand beleidigt, wie ich beleidigt wurde, liebst du ihn. Wenn dich jemand ins Gesicht spuckt, liebst du ihn. Wenn dich jemand aufgrund falscher Anschuldigungen einsperrt, liebst du ihn. Wenn sie dich ins Gefängnis werfen, liebst du sie. Wenn sie dich schlagen, liebst du sie. Mit Liebe gewannen wir die Müllkippe für Jesus.

Menschen, die unsere Geschichte hören, sagen: „Wow! Welch eine starke Missionsgeschichte!“ Ja, wir haben Tausende Gemeinden; die Blinden sehen, die Tauben hören, die Stummen sprechen, die Gelähmten gehen, die Toten stehen auf. All diese Dinge geschehen immer wieder. Aber wir bekommen auch Schläge. Buchstäblich. Nicht mit gemeinen Worten. Wir werden im wahrsten Sinne des Wortes geschlagen.

Als ich das erste Mal zur Müllkippe ging, hielt mir ein Typ namens Vidal eine zerbrochene Flasche an den Hals und sagte: „Ich schlitz dir die Kehle auf. Was machst du auf meiner Kippe, du bescheuerte Weiße? Jetzt bring ich dich um.“ Ich antwortete: „Warte einen Moment! Es tut mir so leid. Warte nur mal kurz.“ Und dann erzählte ich ihm von Jesus, wie er auf der Kippe tanzt und den Menschen, die dort leben, wunderschöne, goldene und silberne und blaue und purpurrote Kleider anzieht. Ich erzählte ihm, dass ich mit Jesus lebte, und sagte: „Wir legen die Hände auf eure aufgedunsenen Bäuche, und sie werden wieder flach. Wir legen die Hände auf eure Schussverletzungen, und sie sind geheilt. Wir legen die Hände auf eure blutigen Wunden, und sie verschwinden, und die Läuse sterben.“ Ich sagte ihm: „Ich will dir etwas über ein Fest erzählen, das fertig vorbereitet ist. Gott will, dass du dabei bist. Vidal, du bist wunderschön, und du bist eingeladen, ganz vorn am Tisch zu sitzen.“

Ungefähr eine halbe Stunde, nachdem er mich gepackt und bedroht und mir dann zugehört hatte, kniete er im Müll nieder und fing an zu weinen. Er sagte zu mir: „Bring bitte diesen Mann, Jesus, hierher, weil ich ihm begegnen will.“ Er hatte nie zuvor Jesu Namen gehört. Vidal war der erste, der Jesus auf der Müllkippe aufnahm, und heute ist sein gesamtes Dorf gerettet. Sie waren hungrig, körperlich und geistlich, und wir boten ihnen kostenlose Nahrung für Körper und Geist an. Sie waren sehr hungrig. Bist du das auch? Jesus will dir mehr von sich selbst geben. Er möchte, dass du so gesättigt bist von seiner Liebe, dass du andere Menschen hemmungslos, vollkommen, voll von Gottes überragender Gnade lieben kannst.

Kapitel 5

Erweckungsfeuer für die Armen im Geist

August bis September 2005

Lilongwe, Malawi

News-Archiv: 8. September 2005

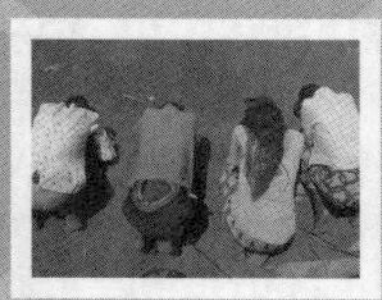

Ich bin wieder in Afrika, nach Wochen voller Konferenzen im Westen, und hier habe ich nun mit einer anderen Art von Konferenz zu tun: ein Zusammenkommen der Armen, Hungernden, Zerlumpten, Barfüßigen und Kranken aus unseren Gemeinden in Zentral-Malawi. Teppiche, Klimaanlagen und Kronleuchter weichen Dreck, stauberfüllter Luft und der heißen Sonne unter freiem Himmel. Aufenthaltsräume für Gastredner und Cafés werden ersetzt von eisernen Töpfen mit gemahlenem Mais, der über offenen Holzfeuern kocht. Hotelzimmer mit weichen Matratzen, sauberem Bettzeug und warmen Duschen werden zu Grasmatten unter zerrissenen und vom Wind aufgeblähten schwarzen Plastikbezügen auf einem weit draußen gelegenen Feld ohne Strom, Wasser oder Schutz vor der Kälte der Nacht. Familien kauern im Dunkeln dicht aneinander gedrängt , um warm zu bleiben, ohne Seife, sanitäre Anlagen oder die Möglichkeit für einen Kleiderwechsel. Ihre verschossenen Hemden reißen bei Berührung ein, und ihre Zähne, Haare und Haut weisen die entfärbten Verunstaltungen der Unterernährung auf. Sie sind schwach. Sie haben Schmerzen. Und sie sehnen sich nach Segnung und Liebe.

Malawi und Nordwest-Mosambik erleben wieder eine noch schlimmere Dürre und Hungersnot. Vier Millionen Menschen sind vom Hungertod bedroht. Die Welt nimmt es kaum zur Kenntnis. Hilfsgütersendungen dringen nicht durch bis zu den entlegenen Dörfern, wo die Not am größten ist und wo wir die meisten unserer Gemeinden haben. Aber wir haben eine sogenannte Buschkonferenz einberufen, um unsere Leute zu ermutigen, und Surpresa Sithole, einer unserer internationalen Direktoren, und ich sind gekommen, um in diesem Ozean an Bedürftigkeit das Evangelium zu predigen.

Diese Konferenz wirkt bestimmt armseliger als alle, die das Land je gesehen hat. Unser Standort außerhalb der Stadt Lilongwe ist ein Stück von der Hauptstraße entfernt, für viele ein langer Fußmarsch. Wir haben eine wackelige Bühne aus rauen Pfosten und Brettern, und wir haben ein paar Lampen aufgehängt, die während der Versammlungen mithilfe des Generators benutzt werden können. Es gibt weder Spruchbänder noch Schilder, auch keine Würdenträger im Anzug. Beim Aufbau und dem Umgang mit den Leuten machen wir uns ganz schmutzig. Es gibt keine vollen Parkplätze und weder Infobroschüren noch Namensschilder. Wir sind scheinbar nur ein paar Leute mitten im Nirgendwo, die zu Gott rufen, er möge Erweckung und die Herrlichkeit seiner Gegenwart schenken, wo, menschlich gesehen, alles elend und hoffnungslos wirkt.

Aber dafür leben wir, den Armen die Gute Nachricht zu predigen und den Traurigsten und Beschwertesten Leben, Liebe und Freude zu schenken. Wir bieten uns an als Werkzeuge der Gerechtigkeit, um in die dafür am wenigsten geeignet scheinenden Ecken der Erde einen Vorgeschmack des Himmels zu bringen. Wir kommen nicht mit großem Trara, sondern in Schwachheit, mit nichts anderem als der Predigt von Jesus und ihm als dem Gekreuzigten. Nichts weniger als die Kraft des Kreuzes wird diese Menschen retten und erhalten.

Drei Tage lang predigen wir uns das Herz aus dem Leib, unterstützt von David Morrison, unserem leitenden *Iris*-Missionar in Malawi. Halte dich an Jesus fest! Lass ihn niemals los! Komm mit allem zu ihm! Wirf deinen Glauben nicht weg! Birg dich in seinem Herzen! Nahe dich ihm, und er wird sich dir nahen. Und dieser unser unsprechlich wunderbarer Erretter wird dir das Reich Gottes umsonst geben. Sei nicht wie die Ungläubigen, die sich um alles Sorgen machen, sondern strebe nach Gerechtigkeit, Frieden und Freude im Heiligen Geist, und du wirst haben, was du brauchst. Nichts kann uns von der Liebe Gottes trennen – Hungersnot nicht, Armut nicht, nichts!

Und so kommen die Menschen in Scharen nach vorn, knien nieder, beten Gott an und empfangen immer mehr aus seiner Gnade. Der Heilige Geist heilt Körper und Herzen. Weinen und Lachen wird freigesetzt. Emotionen kommen heraus. Sie beugen sich und fallen nieder, rollen und schütteln sich im Dreck, und die Hungrigen aller Altersgruppen werden bis zum Überfließen mit Gott selbst erfüllt. Er weiß, wie er seine Geliebten liebt, bis sie sich auch geliebt fühlen.

Die Menschen sind ermutigt und überglücklich. Ihre Zeugnisse sprudeln nur so heraus. Ich fühle mich immer noch äußerst schwach und ungenügend im Blick auf ihre Not, aber ich wachse in der Zuversicht, dass das Evangelium in ihrem Leben den Sieg davontragen wird. Wie wird Gott reagieren? Er wird die Herzen der Seinen rund um den Erdball öffnen und ihnen Gelegenheit geben, die Himmelskunst der Liebe umso mehr zu lernen. Wir haben nur die Aufgabe zu lieben – und Liebe zeigt sich praktisch, wenn sie denn echt ist.

Wir müssen fort, aber wir versprechen weitere Besuche und Konferenzen. Begeistert und voller Zuneigung jubelt man uns zu. Ich bete, dass aus dem immer weiter wachsenden Glauben, der uns hier vor Augen ist, eine Welle von Unterstützung aus der ganzen Welt wird, übernatürlich motiviert und befähigt – und dass alles, vom Wetter bis zur Politik, sich durch eine unaufhaltbare Verbreitung des Erweckungsfeuers verändert.

Malawi hungert

David Morrison: 1. September 2005, 14.12 Uhr

Iris-*Konferenz in Lilongwe*

Kürzlich veranstalteten wir die erste Konferenz der Zentralregion seit zwei Jahren. Unser Ministryteam aus Bangula, einschließlich unserer Leiter, Bibelschullehrer, unseres Chors und der Vorsteher der Südregion, trat um fünf Uhr früh die Reise von Bangula nach Lilongwe an. Surpresa

Sithole und Rolland Baker, die zur Konferenz einflogen, stießen zu uns. Wir wurden auch von einem Team von Missionaren und Einheimischen aus Dondo in Mosambik ermutigt, die sechzehn Stunden lang im Auto fuhren, um zu uns zu kommen und uns zu helfen.

Bei unserer Ankunft begegneten wir aufgeregten Männern, Frauen und Kindern, die so glücklich waren, dass man sie aufsuchte und ihnen Aufmerksamkeit widmete. Nach Lilongwe kamen sie auf Lastwagen aus den umliegenden Dörfern im Busch, wo sie sehr bescheiden und momentan ohne viel zu essen leben. Sie brachten nicht viel mit, denn sie haben sehr wenig. Sie waren einfach zufrieden damit, an einem Ort zu sein, wo sie mehr von Jesus lernen konnten. Es kümmerte sie nicht, dass sie mit ihren Familien draußen auf Matten auf der Erde schlafen mussten. Sie wollten nur Jesus sehen. Sie waren hungrig nach dem Einen, der sein Leben gegeben hatte, damit sie leben könnten. Nichts anderes schien wichtig. Dies war ihre besondere Zeit, und das war ihnen sehr bewusst.

Unsere Gemeinden in dieser Region hatten in der Vergangenheit erhebliche Schwierigkeiten mit schlechter Leiterschaft. Aber jetzt, wo es neue Leiter gibt, erleben unsere Gemeinden Wachstum. Die neu eingesetzten Pastoren hier haben sich als treue Mitarbeiter erwiesen. Sie zeigen Liebe und Einheit gegenüber einander und es ist deutlich, dass ihnen die Anliegen ihrer Leute wichtiger sind als ihre eigenen. Bei der Konferenz tanzten die Menschen, beteten Gott an und hörten auf die Lehre – in der prallen Sonne, in Sand und Staub und peitschendem Wind. Als Gelegenheit gegeben wurde, für sich beten zu lassen, traten sie ohne jede Zurückhaltung vor und demütigten sich unter ihren Herrn. Durch die Kraft des Heiligen Geistes goß der Herr seine Liebe über ihnen aus. Sie wollten nur von ihm angerührt werden, und das wurden sie. Manche waren so bewegt, dass sie weinten, andere waren von Freude erfüllt. Jung und Alt kniete weinend vor dem Herrn, das Gesicht zum Himmel erhoben oder auch zu Boden gesenkt.

An einem Tag während der Ministry-Zeit blieb ich in der Nähe eines zehnjährigen Jungen, der eindeutig vom Heiligen Geist gesegnet wurde. Er kniete, das Gesicht zur Erde, zitterte und weinte mitunter. Ich betete immer weiter für ihn. Danach bat ich ihn mithilfe eines Übersetzers zu erklären, was geschehen war, als er auf der Erde kniete. Er sagte, er sei nicht sicher, aber er war Gott dankbar, weil er sich jetzt viel freier und leichter fühlte. In Matthäus 11,28 lädt Jesus alle ein, die mühselig und beladen sind, zu ihm zu kommen. Das Leben ist hier in diesem Land sehr schwierig, auch für zehnjährige Jungen. Und so freuen sie sich in Jesus, dessen Joch zu einem freien und leichteren Leben führt.

Unsere Heime sind voller Kinder! Timothy sehnte sich nach einem Zuhause und einer Familie, die ihn lieben würde. Wir kamen zu Timothys kaputtem Haus in einem Dorf in Bangula, um ihn abzuholen. Sein ältester Bruder hatte ihn schon informiert, dass er eine neue Familie bekommen sollte. Ich meinte, ein kleiner Junge würde solch einer Veränderung etwas ängstlich gegenüberstehen. Meine Annahme erwies sich als falsch. Der siebenjährige Timothy umarmte uns sofort ganz fest, als wir ankamen, und strahlte übers ganze Gesicht. Er war willig und bereit mitzukommen und in einem unserer kurz zuvor fertiggestellten Kinderheime auf der *Iris*-Missionsstation ein neues Leben zu beginnen.

Früher in diesem Jahr waren Timothys Eltern am selben Tag an einer Krankheit gestorben. Seit Monaten lebte Timothy jetzt schon allein mit seinen zwei älteren Brüdern. Es gibt hier keine Verwandten, die sie aufnehmen könnten – keine Nachbarn, die helfen können. Timothys ältester Bruder (19 Jahre alt) hat sich sehr bemüht, mit kleinen Teilzeitjobs das Geld für Essen zu verdienen. Auch Haushaltsgegenstände verkauften sie Stück für Stück, weil sie unbedingt zu essen brauchten. Der Zweitgeborene, 17, hat einen Platz in der weiterführenden Schule, aber er musste die Schule verlassen, als er das Schulgeld nicht mehr bezahlen konnte. Die beiden Großen sind zu alt, um zu uns zu kommen, aber wir werden sie nicht im Stich lassen. Wir haben sie schon mit Essen versorgt und werden den jüngeren durch die Schulzeit hindurch sponsern.

Es war eine freudige Sache, Timothy nach Hause zu holen. Er schlief auf einer neuen Matratze mit Laken im Bett unter einem Moskitonetz. Er aß gut, und seine neuen Hauseltern Nsitu und Fanny liebten ihn. Alles war ihm neu – sogar die Anweisungen, wie er Toilette und Dusche benutzen sollte. Seine erste Nacht war so aufregend, dass er um Mitternacht aufwachte und den neuen Tag beginnen wollte. Er duschte also (wieder) und zog seine Schuluniform an. Hausvater Nsitu musste einiges an Überzeugungsarbeit leisten, um Timothy noch einmal für ein paar Stunden ins Bett zu bekommen. Schließlich schlief er wieder ein, sehr sauber und sicher in seinem neuen Zuhause.

Unsere Pastoren erleben eine spannende Zeit. Einige sind für ihr drittes Ausbildungsjahr zurückgekommen. Sie kommen gerne zur Schule zurück. Ich bin sicher, dass der Grund zum Teil darin liegt, dass wir ihnen drei Mahlzeiten am Tag und Seife, Zahnpasta und eine Decke geben. Aber ich weiß, dass sie sich noch mehr darauf freuen, ihrem Herrn und Retter wieder einmal auf neue Weise zu begegnen, weil sie im Glauben und Schriftverständnis wachsen. Sie hungern wirklich danach, mehr wie Jesus zu werden. Wir haben unsere Seniorleiter aus dem ganzen Land eingeladen, die ersten Schüler des dritten Kursjahres zu empfangen. Wir wollen uns in sie investieren und Gott mehr Leben in sie hineinlieben lassen, damit sie uns helfen können, andere auszubilden. Da Joanna [Davids Frau] und ich die einzigen Lehrer hier sind, wird es für uns ein anstrengendes Schuljahr werden. Aber auch wir sind hungrig nach Gott, dass er sein Werk fortsetzt und diese Männer von innen heraus verändert.

Hungrig nach Nahrung

Heute haben Millionen Menschen in Malawi nicht genug zu essen, und die Situation wird immer schlimmer werden. Es gibt einfach nicht genug Nahrungsmittel für alle. Im Moment geben wir dreitausend Bedürftigen zu essen, die am schlimmsten dran sind – den Witwen, Alten, Behinderten und Blinden. Sie kommen am fünfzehnten jedes Monats zu uns zur Nahrungsmittelausgabe. Hunderte kommen immer wieder zwischen den Ausgabeterminen, denn sie hungern und können sonst nirgends hin.

Wir geben ihnen, was wir haben, und zunächst einmal sind sie satt. Gestern verteilten wir 20 Tonnen Mais. Im Moment kaufen wir so viel Mais auf, wie wir nur heranschaffen können. Das ist nicht immer eine einfache Aufgabe – unsere Lieferanten reisen über weite Entfernungen zu Bauern tief in Mosambik. Dann transportieren sie den Mais in jeweils 50-kg-Säcken zurück nach Malawi. Es ist ein langwieriger und anstrengender Vorgang, der zum Teil schuld ist an den hohen Kosten für Mais. Der Marktpreis ist jetzt dreimal so hoch wie normalerweise zur Erntezeit. Viele haben einfach kein Geld und können nichts kaufen. Deshalb ernten sie die Zwiebeln der Seerosen, die im Fluss wachsen – im krokodilverseuchten Fluss. Die Zwiebeln werden getrocknet, gemahlen und wie Haferbrei gekocht. Es schmeckt nicht besonders gut, aber es füllt ihren Magen.

Malawi hatte die schlechteste Ernte seit zehn Jahren, und es gibt Berichte, nach denen 4,2 Millionen Malawier jetzt Hilfe benötigen. Wir glauben das! Überall um uns sehen wir Zeichen der Katastrophe. Die nächste Ernte wird erst in acht Monaten sein. Wir sehen immer mehr Kinder mit aufgedunsenen Bäuchen. Die Leute werden dünner. Jeden Tag kommen Menschen zu uns, die nicht wissen, an wen sie sich sonst wenden sollten. Wir hören oft von Pastoren, die zu Fuß große Entfernungen von ihren Buschdörfern zurücklegen, um die Verzweiflung ihrer Leute zu Hause zu beschreiben. Es ist sehr schwierig, von solch großem Leiden umgeben zu sein. Dennoch gehen wir weiter voran mit unserem Glauben an Jesus, der Essen vermehren und jedes Menschenleben erfüllen und sättigen kann. Inmitten des Leids verkünden wir weiterhin Jesu Wort, der gesagt hat: „Ich bin das Brot des Lebens: Wer zu mir kommt, wird nicht hungern, und wer an mich glaubt, wird nie mehr dürsten." Bitte betet also mit uns für die Hungernden in Malawi: „Unser tägliches Brot gib uns heute, o Herr."

Heidis Blog-Eintrag für September 2005

Danke, dass ihr für mich betet und den Kontakt aufrechterhaltet. Es ist eine Freude zu wissen, dass wir euch etwas bedeuten. Wir hatten dieses Jahr eine großartige, lebensverändernde Zeit mit unserem Bibelkolleg und der Missionsschule in Cabo Delgado in Mosambik.

Gerade haben wir den Abschluss von über 400 Studenten gefeiert. Die internationalen Studenten lernten gemeinsam mit den mosambikanischen. Sie lebten fröhlich ohne fließendes Wasser und Strom. Sie waren wirklich der Duft Christi in Pemba. So viele dieser wunderbaren Studenten sind meine Helden. Sie liefern sich Gott völlig aus und lieben Jesus mit ganzer Hingabe.

Der Herr öffnet die Herzen der Makua- und Makondi-Stämme in Pemba. Zehntausende haben den wunderbaren Jesus kennengelernt. Kürzlich an einem Sonntagmorgen, als wir alle in unserem hellgrünen Zelt tanzten und sangen, gab eine ältere Makondifrau mit kunstvoll tätowiertem Gesicht ihr Leben Jesus. Durch den Staub lief sie zu mir und erzählte mir, wie ihre Tochter, die ganz von Sinnen gewesen war, am Sonntag davor in der Gemeinde geheilt worden war. Eine andere Frau sprang umher und schrie laut: „Ich kann sehen, ich kann sehen!“, als Jesus ihre Augen öffnete. Auch sie wollte dem Herrn nachfolgen!

Wir sind so dankbar, dass wir fast täglich neuen Kindern einen Platz im Heim geben, Vollwaisen aus den Dörfern im Busch. Jesus sagte: „Nehmt sie alle auf“, und deshalb haben wir diesen Monat in Mosambik und Indonesien über hundert neue Kinder zu uns geholt. Ich möchte euch für eure Liebe, eure Gebete und Unterstützung für diese wunderbaren Kinder danken. Mit Worten lässt sich gar nicht ausdrücken, wie dankbar ich bin, dass ihr an uns alle denkt.

Herzliche Grüße in Jesus
Heidi

Lebensprinzipien: Wie Erweckung aussieht

Gott benutzt nicht die Mächtigen, sondern die Willigen. Er will nicht die tollen Leute gebrauchen, sondern die, die einfach bereit sind, ihm ihr Leben zu geben. Gott sucht nicht außergewöhnliche, besonders begabte Menschen, sondern nur hingegebene Jesus-Liebhaber, die für jeden sichtbar seine Ehre verbreiten und sie nicht für sich selbst nehmen.

In Lukas 10,25 lesen wir über einen klugen Mann, einen gut ausgebildeten Experten in Gesetzesfragen, der aufstand und Jesus herausforderte. Er wollte Jesus auf die Probe stellen, deshalb fragte er ihn: „Lehrer, was muss ich tun, um ewiges Leben zu erben?“ An sich war das eine gute Frage. Aber Jesus, der gern mit Gegenfragen antwortete, schoss gleich zurück: „Was steht im Gesetz geschrieben? Wie liest du?“

Der Gesetz-Experte wusste die Antwort bereits. Er entgegnete: „Du sollst den Herrn, deinen Gott, lieben aus deinem ganzen Herzen und mit deiner ganzen Seele und mit deiner ganzen Kraft und mit deinem ganzen Verstand und deinen Nächsten wie dich selbst“ (Lukas 10,27). Dieser Mann konnte Jesu Frage beantworten, aber er wusste nicht, was er damit anfangen sollte. Er konnte nicht verstehen, was das praktisch bedeutete.

Dieser Mann, der sich mit Jesus unterhielt, kapierte es nicht. Er sprach die Worte aus, aber das Eigentliche erfasste er nicht. Jesus erwiderte: „Du hast recht geantwortet“, aber dann fügte er noch eine Kleinigkeit hinzu: *„Tu dies, und du wirst leben.“* Genau das sollte der Gesetzeslehrer eigentlich verstehen. Und das ist es, was wir erfassen müssen, wenn wir Erweckung erleben wollen. Wenn wir Gott mit all unserem Sein lieben, werden wir leben! Tun wir das, dann werden wir Erweckung erleben. Tun wir das, dann wird sich das Evangelium ausbreiten. Das ist die Schlichtheit der Botschaft Jesu.

Gottes Kraft, Gottes Gegenwart, die Ausbreitung des Evangeliums – das alles ist ganz einfach, nämlich eine greifbare Demonstration der Liebe Gottes. Wir haben unsere Botschaft allzu kompliziert gemacht in der Meinung, damit besonders klug zu sein. Wir haben das Evangelium zu Tode analysiert, bis es nicht mehr funktioniert! Wir haben es ganz schwer verständlich gemacht und uns selbst damit an die Wand taktiert, theologisiert, theoretisiert. Wir haben nicht verstanden, dass das Evangelium einfach nur eines ist: Liebe, Liebe, Liebe, Liebe, Liebe!

Das Evangelium hat mit Leidenschaft zu tun. Verstehst du, dass Gott alles für dich tun wird, wenn du ihn leidenschaftlich liebst? Wenn du in jemanden sehr verliebt bist, tust du alles für ihn, nicht wahr? Rolland hasst Kräutertee. Er findet ihn widerlich. Aber als er mich in unserer Freundschaftszeit besuchen kam, fragte ich oft: „Magst du eine Tasse Kräutertee?“, und er sagte dann: „O ja, danke!“ Am Tag nach unserer Hochzeit gestand er: „Ich hasse Kräutertee. Er schmeckt furchtbar! Wie kannst du das Zeug nur herunterbekommen?“ Ich war ganz erstaunt: „Aber du hast doch über Monate immer Kräutertee getrunken, wenn du mich besucht hast!“ Rolland erwiderte: „Ja, aber da war ich ja auch so verliebt!“

Wer verliebt ist, macht solche Sachen. Dem ist alles egal. Es macht ihm nichts aus, beschossen zu werden oder den Kopf gegen eine Wand geschlagen zu bekommen. Es macht ihm nichts aus, ein Messer an die Kehle gehalten zu bekommen. Es macht ihm nichts aus, wenn die Marxisten Maschinengewehrsalven in die Luft jagen. Es macht ihm nichts aus, weil er verliebt ist. Liebe ist es, die uns vorantreibt. Wir sind nicht getrieben als Sklaven oder von dem Wunsch, wer zu sein, denn wir wissen schon, dass wir Kinder des Höchsten sind. Es ist egal, was irgendwer über uns denkt. Es ist egal, wie wir aussehen oder was die Welt sagt. Wir sind angenommene Söhne und Töchter Gottes; so verliebt, dass wir für ihn alles tun würden!

Leidenschaft führt zu Mitleid

Manchmal geht es in meinem Leben ganz schön heftig zu, aber nichts, was ich tue, ist beschwerlich. Es ist nicht beschwerlich, weil ich von Liebe getrieben bin. Liebe drängt und motiviert mich. Meine Leidenschaft für Jesus lässt mich voller Mitleid handeln. Das ist das Evangelium – eine Leidenschaft, die Mitleid hervorbringt.

Fruchtbarkeit entsteht immer aus Intimität – einer auf ein Ergebnis ausgerichteten, engen Verbindung. Intimität muss ein Ziel haben. Wenn wir alles tun wollen, was dem Vater wirklich wichtig ist, dann müssen wir wissen: Er wünscht sich von Herzen, dass sein Haus voll sei. Der Vater sieht auf all die Waisen der Welt und möchte, dass sie geliebt, akzeptiert und zu Hause angenommen sind. Wenn ich anhalte, um ein Waisenkind von der Straße aufzulesen, ist das ein prophetischer Akt, der das Herz des Vaters widerspiegelt.

Der König der Herrlichkeit sucht nach liebenden Dienern, die die Armen, die Behinderten, die Blinden und die Lahmen herholen und sein Haus füllen. Er sucht nach liebenden Dienern, die wissen, wer sie sind, und die keine Angst haben – die so voller Liebe sind, dass Angst nicht zu ihrem Wortschatz gehört. Wer Gott radikal liebt, dessen Leben ist von radikalem Mitleid geprägt!

Der Gesetzeslehrer, der Jesus befragte, konnte die Schlichtheit und Direktheit seiner Worte nicht akzeptieren. „Nein, nein“, sagte er, „das meinst du sicher nicht ernst. Da muss es doch noch etwas anderes geben! So einfach kann es ja wohl nicht sein.“ Er war nicht in der Lage, die schlichte Wahrheit zu verstehen, dass das ganze Leben aus überströmender Liebe zum Vater fließt – dass solch eine Liebe aus uns heraussprudelt und jeden berührt, dem wir begegnen.

Der Mann versuchte es mit einer anderen Art von Frage: „Moment, Jesus: Wer ist denn eigentlich mein Nächster?“ Auch eine gute Frage. Wer ist unser Nächster? Ist es der Hungernde in Malawi? Der Gefangene in Afghanistan? Der, der in Mosambik unter der Brücke lebt? Der Nachbar aus deiner Straße, Angestellter einer großen Supermarktkette? Die Antwort lautet: sie alle! Aber weil Jesus wusste, dass sein Gesprächspartner die Tiefe und Reichweite einer simplen Aussage wie „Jeder!“ nicht verstehen würde, erzählte er ihm eine Geschichte.

Die Geschichte vom barmherzigen Samariter gehört zu denen, die mein Leben sehr beeinflusst haben, denn ich bin aufgefordert, sie jeden Tag zu leben. Ich sage das nicht, um irgendeinen großartigen Anspruch zu erheben, aber für mich zeigt sich an dieser Geschichte die Einfachheit des Evangeliums, und sie ist in mir lebendig geworden. Ich glaube, die Sache ist so unkompliziert, wie Jesus sie darstellt.

Jemand geht auf der Straße, die von Jerusalem nach Jericho führt, und fällt Räubern in die Hände. Sie reißen ihm die Kleider vom Leib, schlagen ihn zusammen und lassen ihn halbtot am Wegesrand liegen. Wir haben es hier mit einem leidenden Menschen zu tun, der geschlagen und misshandelt wurde und der langsam stirbt, ohne dass ihm jemand hilft. Er ist weder nett noch attraktiv, sondern blutig und nackt. Wie werden die Leute auf ihn reagieren?

Ich bin diese Straße schon entlanggelaufen. Sie führt bergab, ein staubiger und nicht sehr breiter Weg. Es ist gar nicht möglich, jemanden, der am Wegesrand liegt, zu übersehen, man würde fast über ihn stolpern. Man könnte sich nicht selber einreden, dass man einen Sterbenden, der dort liegt, nicht sieht.

Dieser Mann lag da auf staubiger Straße in der Hitze, als ein Priester vorbeikam. Der Priester, ein Mann Gottes, konnte nicht anhalten, denn er war gerade zu einer Gemeindewachstumskonferenz unterwegs und schon ein bisschen spät dran. Sein Ziel war es, unterschiedliche Strategien zu überlegen und zu erlernen, mit denen er seine Gemeinde vergrößern könnte. Er hatte viel zu tun, und deshalb eilte er an dem blutenden, sterbenden Mann vorbei. Er war ein blinder Priester. Seine Augen waren offen, aber er konnte das Angesicht der Erweckung nicht erkennen. Er konnte nicht sehen, was vor ihm lag, weil er zu beschäftigt war mit Überlegungen über das Wachstum seiner Gemeinde.

Der Nächste, der die Straße entlangkam, war ganz beschäftigt, im Geist zu beten. Er war unterwegs, um mit seiner Anbetungsband zu üben. Sie wollten eine tolle CD mit Lobpreisliedern aufnehmen. Er war begabt, andere in die Anbetung Gottes zu führen, aber er war ein blinder Levit. Mann, wie er singen konnte! Aber sehen konnte er nicht. Alles, worüber er nachdachte, war seine Anbetung und seine CD-Aufnahme. Er weigerte sich, den zusammengeschlagenen und nackten Mann auf der Straße wahrzunehmen, weil er damit nichts zu tun haben wollte. Das war zu simpel, zu direkt. Man musste doch wohl nicht für *jeden* Halt machen? Und überhaupt, das war nicht seine „Berufung". Er war zu beschäftigt mit anderen Tätigkeiten.

Als Gott diese Botschaft in meinem Herzen brennen ließ, sagte er: „Heidi, ich möchte, dass du für sie alle Halt machst." Es war eine prophetische Aussage. Als ich zum ersten Mal nach Mosambik kam, war ich allein. Rolland brachte gerade seine Doktorarbeit zum Abschluss. Ich reiste nur mit einem Hinflug-Ticket und mittellos. Nach zwei Tagen ging mir das Geld aus. Ich saß alleine am Straßenrand und fragte mich, was ich tun sollte, als Gott mir dort begegnete und mir sagte: „Hierhin habe ich dich gesandt. Hier wirst du Erweckung erleben, und ich will nichts weiter von dir, als dass du für den Einen Halt machst."

Also tat ich nur das. Ich hatte keine Taktik, wie ich die Stadt bis zum Jahr 20xx erreicht haben würde. Ich hatte keine klare Vorstellung im Kopf. Ich wusste nur, dass Gott mir gesagt hatte, ich solle für den Einen Halt machen. Er sagte: „Heidi, ich will, dass du *siehst*. Ich möchte so viel Leidenschaft in dich geben, dass Mitleid aus dir herausfließt." So begann ich dann, mich zu den Armen zu setzen und kleine Kinder auf den Arm zu nehmen und sie liebzuhaben.

Eines Tages hob ich Gito hoch. Gito war zusammengeschlagen und vergewaltigt worden und lag dort auf der Straße im Sterben. Er war ein dünnes kleines Kind, dem Gewalt angetan, der missbraucht und zum Sterben liegen gelassen worden war. Er lag dort auf der Straße im Sterben, mitten im Trubel, und ich setzte mich zu ihm und hielt ihn im Arm und hatte ihn lieb. Er war sehr oft vergewaltigt worden und jetzt an Aids erkrankt. Ich hielt ihn im Arm und sagte: „Komm mit mir nach Hause, Gito." Sein Gesicht war das Gesicht der Erweckung. Es gab keinen pfiffigen Plan, keine Hochglanzbroschüren. Später heilte Gott Gito vollständig von Aids. Der Arzt bestätigte uns die negativen Testergebnisse schriftlich. Es gibt Tausende Waisenkinder wie Gito. Sie sind das Angesicht der Erweckung. Jesus sagt: „Was ihr dem Geringsten unter ihnen tut, das tut ihr mir." Ich habe das Angesicht Jesu in den Zügen der Straßenkinder gesehen. Ich habe erlebt, wie er mich durch ihre Augen ansah.

Wenn du deine Wege für einen Menschen unterbrichst und ihm Gottes Mitleid erweist und ihm sagst, dass er adoptiert, angenommen ist, dann hat das lebensverändernde Auswirkungen auf ihn. Wir nennen unser Zentrum nicht Waisenhaus, denn alle diese Kinder sind vom Vater adoptiert. Es sind die glücklichsten Kinder, die ich kenne, und sie sind voller Freude. Möchtest du Erweckung sehen? Möchtest du erleben, wie die Liebe Gottes sich in deiner Stadt ausgießt? Nun, Gott sagt: „Sieh hin!" ... Er möchte dir sein Herz so geben, dass du von seiner Leidenschaft erfüllt wirst. Er möchte, dass du so erfüllt bist von seiner Liebe, dass dich nichts aufhalten kann, mit allen mitzuleiden, die dir an jedem Tag deines Lebens über den Weg laufen.

Aber lass dich von ihren Verkleidungen nicht irreführen. Viele an der Straße, die bluten, verzweifelt sind und im Sterben liegen, tragen schöne Kleider. Sie arbeiten in Banken, Büros, sie besuchen Universitäten. Sie sehen nicht arm aus, sondern wohlhabend, aber sie sind kaputt und nackt und liegen im Sterben. Kannst du sie sehen?

Fotos aus Lilongwe, Malawi

Niederknien vor Jesus im malawischen Staub

Fotos zu Heidis Blogeintrag für September 2005

1. Jeden Tag servieren wir für Pastoren, Studenten, Kinder und Besucher in der Missionsschule Bohnen und Reis zum Mittagessen

2. Pastoren und Studenten der Missionsschule beten in unserem Zelt in Pemba für Neubekehrte

3. In der Missionsschule gibt es viele Gelegenheiten, Kinder zu umarmen

4. Die Abschlussklasse unserer Missionsschule in Pemba

Kapitel 6

Das Wunder des Leidens

September bis Oktober 2005

Update von Rolland Baker

Über Cabo Delgado steht der Himmel offen

News-Archiv: 8. September 2005

Führende Moslems geben zu, dass diese nördlichste Provinz an der mosambikanischen Küste, die einst von Missiologen als „unerreichbar" eingestuft wurde, an die Christen verloren gegangen ist. Die Entwicklung unseres Standorts und der Missionsschule auf dem größten verfügbaren Stück Landbesitz in der Hafenstadt Pemba hat viel aufgewirbelt. Das Evangelium erreicht ganze Dörfer gleichzeitig, wenn die Kraft des Heiligen Geistes sich ausgießt.

Wie geschieht das? Hier ein Beispiel. Felito Utuie, ein zweiundzwanzigjähriger Evangelist, den wir im Herrn aufgezogen haben, versuchte, ein moslemisches Dorfoberhaupt um die Erlaubnis für einen Einsatz zu bewegen, der sie ihm wiederholt verweigerte. Felito sagte dem Dorfvorsteher, Jesus würde die Kranken heilen, und der vergewisserte sich schließlich: „Das werde ich erleben, wenn ihr kommt?" „Ja!", antwortete Felito einfach. Da stimmte der Leiter einer Versammlung in seinem Dorf zu.

Am Abend des Einsatzes begann die Versammlung in einer sehr ruhigen, offenen Atmosphäre, anders als manche andere unserer Treffen, wo wir es als Erstes mit lauten dämonischen Störungen zu tun haben. Felito predigte das reine, einfache Evangelium und fragte: „Wer erkennt, dass er einen Erlöser braucht?" Aus der Dunkelheit ertönten Rufe: „Ich will Vergebung! Ich will Vergebung!“ Es wurde sehr laut, als die Leute um Erlösung flehten und zum Gebet nach vorn strömten. Dann kündigte Felito an, dass er und sein Team für Kranke beten würden. Heilungen geschahen, eine nach der anderen. Eine Mutter brachte ihren achtjährigen Sohn, der taub war, und er wurde augenblicklich geheilt. Felito fragte das Dorfoberhaupt: „Sehen Sie?“ Sofort bat der Leiter um das Mikrofon und sagte seinen Leuten: „Das hier ist real! Das kann kein Mensch tun. Nur Gott kann das tun! Bringt noch mehr Kranke her! Bringt alle, die krank sind!“

Ein Mann führte seine siebenjährige, völlig blinde Tochter nach vorn. Für sie wurde gebetet, und ihr Vater fragte sie eindringlich: „Kannst du sehen?“ Und dann liefen ihm die Tränen über das Gesicht, denn seine Tochter blickte auf und sah ihm zum ersten Mal im Leben in die Augen! Und es ging weiter mit Heilungen an dem Abend …

Das ganze Jahr schon tragen unsere Einsätze häufig diese Art Frucht. Wir predigen nicht lange und kompliziert. Die Menschen reagieren in einfachem Glauben, und sobald sie sehen, dass Jesus real ist und sie wunderbar anrühren möchte, wollen sie ihn selbst! Sie wollen Erlösung, sie wollen eine Gemeinde, sie wollen einen Pastor, jetzt sofort! Ihre Dorfoberhäupter bitten uns: „Geht nicht weg von uns! Ihr könnt uns jetzt nicht allein lassen! Wir haben noch nie solche Wunder erlebt! Ihr müsst wiederkommen und uns lehren!“

Heidi ist besonders gesalbt, für die Tauben, Blinden und Lahmen zu beten, und erlebt bei fast jedem Einsatz Heilungen. Einmal betete sie spät in der Nacht für einen verkrüppelten und blinden Mann, der nicht sofort geheilt wurde. Aber sie bat die Dorfbewohner, nach der Heilung einen Boten zu schicken und ihr davon zu berichten. Am folgenden Tag war sie mit einem guten moslemischen Freund und führenden Geschäftsmann in der Stadt zusammen, als ein Läufer atemlos am Fenster des Autos, in dem sie saßen, auftauchte. „Er ist geheilt! Er kann gehen und sehen!“ Er war gerade sieben Stunden gelaufen, um ihr das zu sagen … Unter Tränen und voller Staunen rief unser moslemischer Freund: „Bete für mich! Bete jetzt für mich!“

Eine Missionsschule auf dem Missionsfeld

Im August kam die erste Einheit unserer *Holy Given: Iris International School of Missions* in Pemba zum Abschluss – eine anstrengende, anspruchsvolle Aufgabe und ein Glaubensabenteuer, das uns in jeder Hinsicht bis zum Äußersten forderte. Die Schule, die ursprünglich eine Vision von Heidi und unserer langjährigen engen Freundin im Dienst, Lesley-Anne

Leighton, war, brachte allen Widrigkeiten zum Trotz reiche Frucht hervor. Andere *Holy Given*-Einheiten werden unter Lesleys Leitung rund um die Welt angeboten. Dahinter steckt die Idee, Lehre nicht nur in einer von der Gegenwart des Heiligen Geistes gesättigten Atmosphäre anzubieten, sondern in einem extrem bedürftigen, schwierigen und geistlich verzweifelten Drittwelt-Umfeld, wo Mission täglich praktiziert werden kann!

Ungefähr zweihundert Studenten aus der ganzen Welt trafen im Juni ein und setzten sich den Schwierigkeiten auf dem echten Missionsfeld aus: weder Strom noch fließendes Wasser, weder westliche Toiletten noch ausreichend Unterkünfte. Unsere Information über die Schule wurde zehntausend Mal von unserer Website heruntergeladen. Ursprünglich hatten wir geplant, einhundert Studenten anzunehmen, aber es kamen immer mehr hinzu, weil bis in die erste Unterrichtswoche hinein Bewerbungen geschrieben wurden. Monatelang bauten wir Unterkünfte für die Schule, aber die in Afrika typischen Verspätungen und Hindernisse bei solchen Projekten ließen uns weit hinter dem Zeitplan herhinken. Am Ende schliefen die Studenten in Zelten und zusammengepfercht in den wenigen fertigen Schlafsälen. Wir trafen uns in einem großen Zelt, das oft im Wind vom Ozean flatterte, wir saßen auf Plastikstühlen und brachten jeden Tag viel Zeit am Altar zu, auf Grasmatten im Staub. Viele bekannte Erweckungsprediger besuchten uns und gaben uns reichlich Nahrung, mehr als wir halten und aufnehmen konnten. Jeden Tag fiel der Heilige Geist auf uns, berührte uns tief im Herzen und verwandelte uns von Herrlichkeit zu Herrlichkeit und machte uns Jesus ähnlich.

Mehrmals pro Woche teilten sich die Studenten in Teams auf und machten sich auf in die Dörfer, um das Evangelium zu predigen und die Kranken zu heilen. Viele, die vorher nie weit von zu Hause weg gewesen waren oder etwas Ähnliches erlebt hatten, staunten und waren begeistert, während ihres gesamten Aufenthalts mit eigenen Augen Wunder zu sehen. Die meisten waren dankbar für die Gelegenheit, einige der Schwierigkeiten zu ertragen, die bei den Armen im überwiegenden Teil der Welt ganz normal sind. Unsere Studenten wuchsen uns und einander ans Herz, und viele wünschten, sie könnten bleiben, und weinten bei dem Gedanken an ihre Abreise. Mehr als die Hälfte der Studenten wollen in irgendeiner Funktion bei *Iris Ministries* irgendwo auf der Welt weiter Missionsarbeit leisten. Wir sind überglücklich über die vielen Zeugnisse von Menschen, die für immer verändert wurden, weil sie sich hier in Mosambik dem Reich Gottes aussetzten.

Ein Monat später: Dringender Gebetsaufruf für Heidi Baker

2. Oktober 2005

Ich (Rolland) bin nach fünf Flügen endlich wieder nach Hause gekommen, nur um sofort wieder umzukehren und Heidi von Pemba nach Maputo in die Notfallklinik zu bringen, und jetzt sind wir auf dem Weg zu einem Krankenhaus in Südafrika. Sie hat eine extrem gefährliche, lebensbedrohliche Staphylokokken-Infektion, die wieder auftrat, als sie mit der gleichen Geschichte vor drei Wochen in Malaysia im Krankenhaus lag. Dieser Typus von Staphylokokken ist hochgradig resistent, und nur in Malaysia gab es ein Antibiotikum, mit dem ihm beizukommen war. Heidi hat dieses Antibiotikum die letzten drei Wochen eingenommen, aber jetzt ist die Entzündung wieder heftig ausgebrochen und außer Kontrolle. Im Laufe der letzten Jahre bekam sie diese Infektionen mehrmals, einmal hat sie auch mich damit angesteckt. Jedes Mal wird es schlimmer und schwieriger zu behandeln. Jetzt breitet sich die Krankheit schnell aus und Heidi leidet unter starken Schmerzen. Wir und alle in unserer Station in Pemba beten, und jetzt bitten wir auch unsere Freunde auf der ganzen Welt zu beten und mit uns gemeinsam Jesus von ganzem Herzen zu vertrauen.

Herzliche Grüße in Jesus
Rolland

Notiz von Heidi Baker im Krankenhaus

5. Oktober 2005, 5.19 Uhr

Liebe Freunde,

nie fühlte ich mehr geliebt vom Leib Christi. Ich bin überwältigt von eurer Freundlichkeit. Ich danke euch sehr, dass ihr für mich betet. Jetzt liege ich zum zweiten Mal in weniger als einem Monat im Krankenhaus. Man hat bei mir eine methicillinresistente Staphylokokken-Infektion festgestellt. Im Moment bekomme ich gerade das letzte Super-Antibiotikum. Der Arzt sagte mir, dass ich vierzehn Tage hier im Hospital bleiben müsse. Aber ich glaube, dass Jesus mich heilt und ich ganz schnell wieder herauskomme. Ich spüre seine Liebe und Gegenwart in meinem Zimmer. Ich werde meinen Lebensstil etwas ändern und mir mehr Zeit zum Ausruhen nehmen. Hier einige Schriftstellen, die mich in der letzten Zeit ermutigt haben:

> Er antwortete: Mein Angesicht wird mitgehen und dich zur Ruhe bringen.
>
> 2. Mose 33,14

> Auf Gott ruht mein Heil und meine Ehre; der Fels meines Schutzes, meine Zuflucht ist in Gott.
>
> Psalm 62,8

> Wer im Schutz des Höchsten wohnt und ruht im Schatten des Allmächtigen ...
>
> Psalm 91,1 (Einheitsübersetzung)

Herzliche Grüße in Jesus
Heidi

Rollands Blog-Eintrag

7. Oktober 2005, 22.15 Uhr

Bitte betet weiter. Heidis Laborwerte zeigen, dass sie die resistenteste Form von Staphylokokken hat. Sie bekommt das stärkste Antibiotikum, das zur Verfügung steht, über den Tropf, und zwar noch eine ganze Weile. In mancher Hinsicht haben sich die Entzündungen etwas gebessert, aber sie bemüht sich, ihr Immunsystem mit probiotischen Nahrungsergänzungsmitteln aufzubauen. Körperlich ist sie recht schwach, nachdem sie so lange starke Antibiotika nehmen musste, aber Jesus hat ihr Kampfgeist geschenkt, und sie bittet darum, dass wir weiter beten …

Viele, viele Grüße, und eine riesige Anerkennung an alle!
Rolland

Antworten auf den Blogeintrag

Gary und Laura K., Pastoren: 2. Dezember 2005, 3.18 Uhr

Jesus hat deine Gebete und den Schrei der Erntemitarbeiter auf der ganzen Welt erhört, die ihn anrufen, dass er dich heilt. … Er erneuert deine Kraft. Er baut dich auf, um dich auf den nächsten Level zu heben, auf den Jesus dich nehmen möchte. Es wird herrlich sein!

Gott segne dich, deine Familie und deinen Dienst.

Notiz von Heidi Baker

8. Oktober 2005, 9.05 Uhr

Noch einmal danke für eure große Liebe und eure Gebete. Danke, dass ihr zu mir steht und mit mir glaubt. Durch euch fühle ich Gottes Liebe so stark. Ich bin immer noch im Krankenhaus und bekomme Zyvoxid und Vancomycin per Tropf. Der Herr hat zu mir gesprochen; ich werde zur *Soaking in God's Glory*-Konferenz fahren. Während ich in Gottes Gegenwart ruhe, offenbart er mir, wie ich seine Herrlichkeit tragen kann … Die Schwestern kommen zu mir und bitten um Gebet, weil die Gegenwart Gottes in meinem Zimmer so spürbar ist.

Viele, viele Grüße in Jesus
Heidi

Antworten auf Blogeinträge

Joette C.: 10. Oktober 2005, 15.00 Uhr

Wir sind froh über die Treue und gnädige Heilung des Herrn. Wir beten und glauben, dass die Staphylokokken-Infektion ausgelöscht wird und nie wieder zurückkommt! Wir glauben auch, dass alle in deiner Umgebung die große Liebe unseres Vaters sehen und zu ihm hingezogen werden. Preis sei ihm für seine Treue … Wir glauben, dass die Pläne des Herrn für dein Leben noch nicht vollendet sind, und wir stehen im Glauben, dass du erleben wirst, wie sie zum Ende gebracht werden.

Update von Heidi Baker

14. Oktober 2005

Noch einmal möchte ich euch für eure tolle Reaktion im Gebet danken. Ich habe mich noch nie so geliebt und aufgehoben gefühlt im Leib Christi. Gott hat den Plan des Feindes zum Guten gewandt. Ein lieber Freund schickte mir eine Schriftstelle: „… das Bleiben im Fleisch aber ist nötiger um euretwillen“ (Philipper 1,24). Wer mich gut kennt, weiß, dass ich mir oft wünsche, zu sterben und beim Herrn zu sein. Ich liebe ihn so sehr. Nach mehreren sehr eindrücklichen, lebensverändernden geistlichen Entrückungen in den Himmel habe ich den Herzenswunsch, dort zu bleiben. Aber ich sehe die verlorene Braut, und dass ich bei euch allen, dem wunderschönen Leib Christi, bleiben werde zu eurer Förderung und Freude im Glauben (Philipper 1,25). Ich will leben und ganz viele radikale, hingegebene, *„Holy given“*-Liebende auf der Erde freigesetzt sehen, um Jesus seine verlorene Braut zu bringen. Ich will erleben, wie viele, viele aus dem Makuastamm das Lamm auf dem Thron anbeten, das der Anbetung so würdig ist. Ich will radikale, übernatürliche Heilung auf der Erde erleben. Ich will leben und meinen Glauben an meinen geliebten Jesus zeigen. Ich will leben und meinem König Jesus Millionen Menschen bringen!

Immer noch bin ich im Krankenhaus. Ich habe großen Glauben. Viele von meinen Kindern riefen gestern an und weinten am Telefon. Sie sagten: „Mom, wir lieben dich! Du musst jetzt nach Hause kommen!“ Als mir der Arzt sagte, er denke nicht, dass ich nach Mosambik zurückkehren könne, weil es für meine Gesundheit zu gefährlich sei, lachte ich und fühlte einen sehr starken, heiligen Kampf auf mich kommen! Ich will bald nach Hause, nach Pemba, Cabo Delgado, und alle meine wunderschönen Kinder in den Arm nehmen! Ich will in diese fantastische Ernte zurück!

Ihr seid mir kostbar und ihr seid geliebt.

In den Armen meines Vaters ruhend,
Heidi

Bericht von Heidi Baker

26. Oktober 2005

Danke, dass ihr für mich betet und mit mir Gott vertraut. Der Herr hat wunderbare Dinge für mich getan. Ich spürte, dass Jesus mir sagte, ich solle nach Toronto gehen und predigen, und er würde mich heilen.

Letzten Mittwoch suchte ich einen Spezialisten in Südafrika auf. Er sagte, die Antibiotika könnten die Entzündung an der Ausbreitung hindern, solange ich am Tropf bliebe, aber sie könnten die MRSA-Bakterien nicht abtöten. Meine einzige Hoffnung sei seiner Meinung nach, in eine Uni-Klinik in den Vereinigten Staaten zu gehen, wo man die Entzündung operieren, nämlich herausschneiden und trockenlegen würde. Er sagte mir, nach einem Monat Klinikaufenthalt könnte man vielleicht Erfolg haben.

Ich glaubte, dass Jesus einen anderen Plan hatte. Ich buchte einen Flug mit Rolland und bat die Ärzte, mich zu entlassen, weil ich einen Topspezialisten in Toronto, Kanada, konsultieren wollte. Ich glaube, den kennt ihr alle! Als ich am späten Donnerstagnachmittag ankam, war ich sehr schwach und hatte starke Schmerzen. Fast direkt musste ich zu der Konferenz, um zu sprechen. Ich betete Gott in meiner Schwäche an und glaubte, dass Jesus ein Wunder tun würde. Als ich mich erhob und über das Buch Sacharia sprach, spürte ich die übernatürliche Kraft Gottes durch mich fließen. Die Entzündung wurde buchstäblich geheilt, während ich sprach. Am Ende fühlte ich, dass Jesus mich zum Tanzen mit ihm aufforderte. Er goß seine Liebe und Kraft durch mich!

Am nächsten Morgen stand ich früh auf und ging joggen! Am Samstag reiste ich zu einem namhaften Krankenhaus in Kalifornien und zeigte den Notfallärzten alle meine Laborergebnisse und den Arztbrief des südafrikanischen Spezialisten. Sie bereiteten alles vor, um mich aufzunehmen, aber ich bat sie, doch bitte erst die „Entzündung“ zu untersuchen. Der Doktor sagte: „Das verheilt doch gut. Sie brauchen nicht operiert zu werden.“ Dann erzählte ich ihm, was Jesus für mich getan hatte. Er sagte: „Preis dem Herrn! Das ist toll!“ Ich bin weiterhin entschlossen, meinen Lebensstil zu ändern und noch mehr Zeit mit dem Ruhen in seiner herrlichen Gegenwart zu verbringen. Ewig dankbar bin ich für eure Liebe und Gebete. Jesus hat ein mächtiges Wunder gewirkt!

Viele Grüße
Heidi

Lebensprinzipien: Das Geheimnis des Leidens

Am Anfang unseres Dienstes verloren wir einmal alle unsere Gebäude (55 an der Zahl) und waren obdachlos. Wir befanden uns in der verzweifeltsten Lage unseres Lebens. Wir hatten überhaupt nichts. Doch in dem Moment dachte ich plötzlich: „Egal! Ja, es ist doch sogar egal, ob wir tatsächlich vor Hunger umkommen – wir und unsere ganzen Kinder!" Ich war zu der Überzeugung gelangt, dass Gottes Gegenwart mir viel mehr wert war als das Leben. Das ist kein Witz und keine Übertreibung. Ich meine ganz ehrlich, dass Jesu Gegenwart mir mehr wert ist als alles andere – dass seine Liebe und sein kostbares Blut mir selbst mehr wert sind als das Leben. Ich sehe nicht ein, welchen Sinn Wohlergehen und Reichtum haben soll, wenn es einen nur von Jesus ablenkt!

Erstaunlich fand ich, dass genau an diesem bis dahin unerreichten Tiefpunkt in unserem Leben auf einmal der ganze Himmel für uns aufging. Als wir litten, zeigte sich Gott in einer sehr realen Weise. Wir im Westen mögen die Vorstellung von „Leiden" nicht sehr. Wir hätten es lieber, dass niemand leiden müsste – besonders die Christen nicht. Tatsache ist aber, als wir anfingen zu leiden und als Hunderte Kinder auf ihr Angesicht fielen und Gott anbeteten und zu ihm schrien – da begannen die vielen Wunder. Alles Essen, das wir hatten, wurde wunderbar vermehrt; Kraft kam vom Himmel, die uns übernatürlich stärkte, und viele andere Wunder geschahen. Das, was passierte, als wir alles verloren und keinen „Plan B" und nichts zu essen und zu trinken hatten, war erstaunlich. Als wir im wörtlichen Sinn nicht leben, auf natürliche Weise nicht mehr funktionieren konnten, kam Gott wie eine Wolke und kümmerte sich um uns.

Manchmal kann Leiden etwas Wunderbares sein! Vielleicht musst du das hören. Leiden kann dich Gott näherbringen. Natürlich wünschen wir uns nie zu leiden, aber wenn wir es tun, kann es entweder Bitterkeit oder Mitleid in uns bewirken. Ich war mehrere Jahre lang krank. Nicht nur ein bisschen, sondern wirklich sehr krank. Ich hatte ständig starke Schmerzen. Ich konnte nicht lange laufen und oft nicht einmal still liegen und lesen. Wenn ich es mal schaffte aufzustehen und zu gehen, musste ich mich beim Predigen an der Kanzel festhalten, weil ich so schwach war. Rate, was während dieser Zeit mit mir geschah? Die getriebene Typ-A-Persönlichkeit, die in mir steckte, wurde herausgerissen, weil ich körperlich nicht in der Lage war, wie gewohnt Dinge durchzuboxen. Durch dieses Leiden entstand in mir ein großes Mitleid – Mitleid mit jedem, der verletzt ist.

Fürchte dich nicht vor dem Leiden. Die gewaltige Liebe Jesu ist viel größer als alles, was dir im Leben begegnen wird. Gib dich ihm völlig hin, und du wirst dich jeder Herausforderung, die dir das Leben in den Weg stellt, anders stellen können.

Kapitel 7

Weltweiter Hunger nach Gott

Oktober bis November 2005

Update von Rolland Baker

Überall hören wir die Menschen nach Erweckung und dem Wirken des Heiligen Geistes rufen, besonders dort, wo großes Leiden, Härte und Verfolgung herrschen. E-Mails aus ganz Afrika und Asien strömen bei uns herein mit der verzweifelten Bitte um Besuche, Dienst, Konferenzen, Lehre, Leitung, Teilhabe und materielle Hilfe. Heidi und ich und unsere derzeitigen Mitarbeiter gehen darauf mit all der Kraft ein, die Gott uns gibt, aber wir laden euch ein, mitzuhelfen. Der Herr der Ernte könnte die Ernte mit seiner eigenen Kraft allein einbringen, aber er entscheidet sich, sein göttliches Wesen und seine Herrlichkeit mit uns zu teilen. Komm mit uns in eine Welt der Liebe, Ruhe und Gemeinschaft, auch wenn uns wilde, heftige Stürme schütteln. In ihm sind wir mehr als Überwinder, unter dem Schild des Glaubens durch Gottes Macht, bis Jesus völlig offenbar wird. Wir sind bereit, seine Herrlichkeit in die Dunkelheit zu tragen, wo auch immer die Liebe Gottes gewollt ist!

Zusätzlich zu den verschiedenen Nationen in Südostafrika, in denen wir seit 1995 arbeiten, sind wir im Kongo, in Indonesien, dem Sudan, Sierra Leone und anderen Ländern im Aufbau begriffen und unterschiedlich weit auf dem Weg zur Anerkennung durch die Behörden. Angola, Liberia und verschiedene andere Länder Nordafrikas sind die nächsten auf unserer Liste. Unsere Kontaktleute und die leitenden Pastoren in allen diesen Nationen bitten dringend um den Besuch von Teams, Sprechern und Helfern mit den überaus dringend benötigten praktischen Begabungen in allen möglichen Bereichen.

Unserem Waisenhaus auf der Insel Nias in Indonesien geht es gut, und wir engagieren uns darüber hinaus mit einem anderen Waisenhaus auf Bali, wo Heidi und ich 1980 unseren gemeinsamen Dienst anfingen. Diese beiden Projekte erfordern viel Aufmerksamkeit, und wir laden wegen der geografischen Nähe besonders Australier und Neuseeländer ein, sich einzubringen. Prophetisch richten wir uns auf einen weiteren „Tsunami des Heiligen Geistes" in Indonesien ein, der der wunderbaren Erweckung in den 60ern und 70ern dort folgen soll.

An den meisten Orten, wo wir zu dienen begannen, hat der Teufel riesige Schäden angerichtet, und die Christen am Ort erhalten und treiben heroisch voran, was besteht, trotz der Härten, die ich nicht angemessen ausdrücken kann. Als ein Beispiel von vielen zitiere ich eine E-Mail von unserem Pastor Joseph in Bukavu, Demokratische Republik Kongo:

> Wir wollten euch auch von einer Völkermord-Tragödie berichten, die in einem Dorf namens Fendula und Ninja geschah, wo wir eine Gemeinde haben, und unser Pastor Badesire Munjombola hat soeben seine Frau verloren, als die ruandischen Nterahamwe-Kämpfer, die in der Gegend waren, jetzt die Bevölkerung angriffen und Häuser in Brand steckten. Es wird berichtet, dass 47 Menschen ermordet wurden und Hunderte in Sicherheit flüchteten und jetzt ohne Obdach, Essen, Medizin sind; weitere liegen im Krankenhaus. Wir gingen mit Sifa dorthin und beteten mit ihnen. Bitte betet weiter für Familien, die ihre Angehörigen verloren haben, und für unseren Pastor und die Gemeindeglieder und andere.

Dies ist nur eine kleine Begebenheit in einem kriegsverwüsteten Land, wo „Bomben und Mörserfeuer jedes dritte Haus zerstört haben. Es gibt überhaupt keine Fabriken. Arbeitsstellen sind dünn gesät, und täglich kämpfen die Kongolesen, um bis zur nächsten Mahlzeit zu überleben."

Viele unserer Missionsschüler fühlen sich deutlich in diese Länder berufen, in denen wir uns bereits engagieren, und wir drängen dich und andere, engen Kontakt zu halten und immer weiter mit uns auf Jesus zu sehen und von ihm weitere Anweisungen und Versorgung zu erwarten. Wir werden gesonderte Adresslisten für jeden Bereich und jede Gruppe interessierter Missionare einrichten.

Widerstand erhebt sich!

Mancher, der uns in Konferenzen hört, könnte den Eindruck gewinnen, wir lebten ein fantastisches, problemloses Leben voller Wunder! Ja, wir wollen in unserem Dienst Jesus und seiner herrlichen Macht die meiste Aufmerksamkeit widmen, aber vielleicht ermutigt es dich zu wissen, dass, wie Paulus, auch wir tönerne Gefäße sind, deren Herrlichkeit auch in ihrer Schwachheit besteht. Wenn wir schwach sind, sind wir stark (2. Korinther 12,10). Wir begegnen tatsächlich heftigen dämonischen Widerständen von fast unglaublicher Intensität. Diese mosambikanische Provinz, in der wir leben, war jahrhundertelang eine heidnische okkulte Festung, und das Böse, dem wir begegnen, schockiert uns immer und immer wieder. Unsere Zeit, Energie, Gelder und Mittel werden bösartig angegriffen und aufgesaugt, weil der Teufel unser Herz von dieser großartigen Erweckung ablenken will, in die Gott uns in seiner Gnade gestellt hat.

Wie Paulus verstehen wir, dass diese Dinge geschehen, damit wir nicht auf uns vertrauen, sondern auf Gott, der die Toten auferweckt (2. Korinther 1,9). Wir widerstehen dem Teufel, indem wir das Böse mit Gutem überwinden und indem wir mit desto größerem Glauben und kindlicher Freude in Jesus ruhen. Wir können nicht verlieren, wenn wir in seinem Herzen sicher sind. Wir müssen uns nicht selbst schützen, sondern wir vertrauen unsere Seele einem treuen Schöpfer an, indem wir tun, was richtig ist (1. Petrus 4,19). Der Gott, der in unseren Gemeinden in Afrika mindestens 53 Tote auferweckt hat, wird auch uns erneuern und erfrischen mit seiner unvergleichlichen Kraft. Er wird uns nicht im Stich lassen, wir sind das Werk seiner Hände!

Den Hungernden zu essen geben

David Morrison: 30. Oktober 2007, 19.47 Uhr

Sonnenaufgang – die Menschen aus der ganzen Region Bangula begeben sich auf ihre Reise zum *Iris Ministries*-Essensausgabezentrum. Manche wandern stundenlang, barfuß und mit leerem Magen. Sie hoffen, am Ende ihrer Reise unter der sengenden Sonne Essen zu bekommen. Die Menschen, die kommen, sind verzweifelt. Hunderte und Aberhunderte Witwen und Alte kommen. Viele dieser älteren Leute haben verwaiste Enkelkinder zu versorgen, wobei es ihnen unmöglich ist, auch nur für sich selbst Essen zu finden, geschweige denn für die Kinder. Einer nach dem anderen kommen Menschen – manche in Rollstühlen, andere im Schneckentempo mit Blindenstock. Die Blinden werden von einem kleinen Kind geführt, normalerweise in kaputten Kleidern und hungrig. Diese nennen wir „verwundbar", und sie brauchen unsere Hilfe. Etwa 2.500 Menschen kommen zusammen, und in den folgenden Tagen Hunderte weitere.

Es war ein Riesendurcheinander, aber dank der Hilfe von Menschen auf der ganzen Welt hatte uns *Iris Ministries Canada* Geld schicken können, mit dem wir Mais kauften, der gerade rechtzeitig eintraf. Preis sei Gott! Der erste von drei Lastwagen kam um acht Uhr morgens an, was den Pastoren der Bibelschule Zeit gab, abzuladen und die Verteilung vorzubereiten. Inzwischen hatten die versammelten Wartenden angefangen, den Herrn mit Singen und Tanzen anzubeten. Sie hatten den Lastwagen gesehen und waren voller Freude.

Bald predigte Pauendo, einer unserer Pastoren auf der Bibelschule, zu der Menge über Jesus, der das Brot des Lebens ist. Der Heilige Geist wirkte und zog Menschen zu unserem Erlöser. Die Resonanz war gewaltig, so viele kamen vor, um Jesus als ihren Herrn und Retter anzunehmen. Sie kamen, um Essen gegen den schmerzenden Hunger zu empfangen, aber sie begegneten auch Jesus, der ihre Sünden wegnimmt und sie mit neuem Leben erfüllt. Andere kamen vor, um Buße zu tun, und sie lieferten ihre Zauberutensilien aus. Unser Team von Pastoren der Bibelschule betete für jeden Einzelnen, keiner wurde ausgelassen.

Nach der Zeit von Anbetung, Lehre und Dienst wurden Menschen nach einer Liste aufgerufen, um Essen in Empfang zu nehmen. Es gab keine Kämpfe, noch nicht einmal Gedrängel, nur geduldige Menschen, die in der heißen Sonne warteten, bis ihr Name aufgerufen wurde. Jeder erhielt 12 kg angereichertes Maismehl, und sie waren überglücklich. Zwölf Kilo heißt ungefähr 60 Portionen „nsima", und das bedeutet, dass zwei Leute einen Monat lang zweimal täglich zu essen haben.

Vielen Dank jedem, der uns half, den Hungernden hier in Malawi zu essen zu geben. Unsere Pastoren der Bibelschule erzählten, wie wunderbar es war, dass Menschen auf der ganzen Welt den Schrei der Hungernden in Malawi gehört und mit ihrem Geld dazu beigetragen haben, dass dies möglich wurde. Immer wieder sagten sie: „Gott segne sie! Wir müssen für die beten, die all dieses Essen geschickt haben." Ich wünschte, ihr könntet alle erleben, was ich an diesem Tag sah. Leider ist das nicht möglich, aber wenigstens könnt ihr einen kleinen Geschmack davon aus diesem Bericht bekommen.

Wir preisen Gott, denn er sorgte dafür, dass wir all den Menschen Essen geben konnten, die zu uns kamen. Es blieb sogar noch genug übrig, um die mit größeren Familien zu unterstützen.

Konferenz in Malawi

[Gedanken von Nikki Wheeler, *Iris*-Missionar]

In unserem Zentrum in Malawi, in dem Städchen Bangula, fand die Regionalkonferenz statt. Im Vorjahr hatte ich die gleiche Konferenz besucht, sogar noch bevor ich meine Tätigkeit für *Iris* aufgenommen hatte. Ich benutze immer noch dasselbe Tagebuch und blätterte zurück zu der Stelle, wo ich damals meine Erlebnisse notiert hatte. Vieles hat sich verändert. Nun, der Stil der Konferenz ist gleich geblieben – geändert hat sich meine Einstellung dazu! Ich werde euch einige Auszüge aus dem, was ich damals schrieb, und aus meinen Gedanken heute lesen lassen.

Rolland, Heidi und ich flogen in Rollands Cessna 206 runter nach Bangula. Der Flug dauert nicht sehr lang, etwa vier Stunden, mit einem kurzen Zwischenstopp in Blantyre, wo man durch den Zoll geht – und die Keks- und Eisvorräte aufstockt! Das malawische Gesetz erlaubt keine Flüge nach dem offiziellen Sonnenuntergang. Alle müssen spätestens um 17.45 Uhr in der Luft sein. Wir kamen um 17.30 Uhr an, hatten also nur eine Viertelstunde, um die Pässe stempeln zu lassen, das Flugzeug zu betanken und wieder abzuheben, bevor uns die Flughafenangestellten für die Nacht am Boden halten würden. Dann ging Heidi in das einzige Geschäft am Flughafen! Etwa zwanzig Minuten später saßen wir endlich wieder im Flugzeug, und der Tower gab Rolland die Sondererlaubnis zum Abheben. Der Flug von Blantyre nach Bangula dauert nur etwa dreißig Minuten, deshalb gaben sie uns diese Erlaubnis mit der Auflage, dass Rolland den Tower anrufen und Bescheid sagen sollte, wenn wir sicher gelandet wären.

Die Landschaft ist wunderschön, sehr rau und gebirgig. Aus der Luft sind kleine Höfe an Berghängen zu erkennen, und alles sieht fruchtbar und grün aus. Man kann sich kaum vorstellen, dass diese Gegend der ärmste Teil Malawis ist – hier verhungern mehr Menschen als irgendwo sonst in Afrika – Trockenzeiten und Regen zur falschen Zeit haben diesen Teil des Landes ruiniert.

Die Sonne war untergegangen, und es wurde dunkel. Rolland hatte Mo [David Morrison] vom Flughafen aus angerufen und ihn gebeten, schon einmal die Landebahn vorzubereiten. „Ziege-auf-Landebahn-Detektor aktivieren!“ In der Ferne konnten wir die zwei Scheinwerfer des „Pin-Scourers“ („Pinzgauer“, Geländewagen der Schweizer Armee) blinken sehen, die uns auf die kleine staubige Bahn in der Nähe des Gemeindegrundstücks leiteten. Die Landung gelang recht sanft, und während wir ausrollten und zum Stehen kamen, liefen große Mengen von Menschen auf das Flugzeug zu. Wir hielten, und da waren sie rund um uns – Hunderte von Menschen! Wir stiegen aus und entluden das Flugzeug, dann brachte mich Matt, ein Langzeitmissionar, zur Bühne.

Ich traf schnell ein paar Vorbereitungen, und um sieben fingen wir mit der Versammlung an. Alle anderen waren zum Abendessen zu Mo gegangen. Ich musste bis nach der Versammlung warten.

Auszug aus meinem 2005er-Tagebuch

„... Um 18.00 Uhr fing man an. Ich war der einzige Weiße. Den anderen fiel erst ein, dass sie sich auf den Weg machen müssten, als sie die Musik hörten, und zwei Stunden später trafen sie endlich ein. Ich glaube nicht, dass das Soundsystem stark genug ist; es ist schwierig, die Balance zwischen maximaler Lautstärke und Verzerrung zu halten. ... Ich bin so müde. Es ist heiß. Ich will nach Hause. Ich glaube nicht, dass ich in Afrika am richtigen Platz bin. Ich brauche einfach Kraft oder so. Ich bin so müde. ...“

In diesem Jahr war es nicht viel anders! Wieder war ich eine ganze Zeitlang der einzige Weiße dort, und das Soundsystem ließ immer noch zu wünschen übrig – obwohl ein zu uns gerichteter Monitor eine Riesenhilfe war! Ich liebte die Konferenz. So viele Menschen, alle so farbenprächtig angezogen; alle so hungrig nach dem Wort – es war einfach toll. Und die Tänzer konnte ich nur bewundern – ihre Ausdauer! Eine Stunde Aerobics, zweimal am Tag!

Auszug aus meinem 2005er-Tagebuch

„... Ich versuche immer noch zu entscheiden, ob ich meinen Job in England aufgeben und hierherziehen sollte. Es ist eine großartige Gelegenheit. ... Ich bin außerhalb des Bereichs, in dem ich mich sicher fühle. Ich will in England bleiben; ich will nicht in Afrika sein. ABER andererseits will ich unbedingt in Afrika sein! Es wird ein so schwieriges Leben sein, und ich weiß nicht, ob ich damit klarkomme ..."

„... Ich glaube, ich sage zu. ..."

Ich in froh, dass ich diese Entscheidung getroffen habe, obwohl es manchmal wirklich hart ist. Oft wollte ich einfach weg, zurück zu dem regelmäßigen Job, wo am Ende jedes Monats ein Gehaltsscheck garantiert ist!

Bei der Konferenz wurden so viele Menschen geheilt, besonders Taube. Das rührt etwas in mir an. Wie kann man die Schönheit von Klängen, von Musik genießen, wenn man nicht hört? Das Strahlen auf ihren Gesichtern sagt alles.

Freitag Abend war es so staubig, als alle sangen und tanzten, dass etwas Staub unter meine Kontaktlinse geriet. Am nächsten Morgen wachte ich mit heftigen Schmerzen und Unwohlsein auf. Mein Auge war zugeschwollen, es eiterte und war einfach eklig. Erst vermutete ich eine Bindehautentzündung, aber wegen der Schmerzen dachte ich dann, dass etwas drinsitzen müsste. Mittlerweile konnte ich nicht einmal mehr mein gutes Auge öffnen – die Bewegung schmerzte das andere Auge, so dass ich quasi blind war.

Kollegen wuschen mein Auge aus, gaben Tropfen hinein und verbanden es. Ich lag einfach da. Es war schrecklich. Heidi und Rolland sollten auf einer Konferenz in Südafrika sprechen, ich war also tatsächlich genau für diese zwei Tage nach Malawi gekommen – und hier lag ich nun und konnte nichts machen. Da wurde mir ganz neu bewusst, wie sehr ich mein Augenlicht schätzen konnte – und besonders meine Unabhängigkeit.

Die Konferenz ging zu Ende, und ich hatte nur fünf von den acht Einheiten gemacht (immer noch gut zehn Stunden Arbeit pro Tag!), und am Montagmorgen beluden wir das Flugzeug wieder. Zwei der Gastprediger kamen mit uns zurück nach Pemba. Sie waren am Mittwoch aus den Staaten nach Blantyre geflogen, so dass wir ihr gesamtes Gepäck zu transportieren hatten, plus das Soundsystem, plus unser ganzes Zeug und alles, was Heidi in dem kleinen Geschäft am Flughafen gekauft hatte!

Rolland wog jede Tasche sorgfältig ab und fragte jeden von uns nach unserem Gewicht! Ich glaube, wir überschritten die Möglichkeiten der Flugzeugnutzlast. In Nelspruit, dem Flugplatz in Südafrika, wo Rolland seine Maschine warten lässt, nennt man ihn den „Heiligen Mann". Nicht, weil er in der Mission arbeitet – weil er schwerere Lasten transportiert, als irgendeiner von ihnen je wagen würde! Sie halten ihn alle für verrückt!

Vor dem Takeoff fuhr Mo die Landebahn rauf und runter – sein Pinzgauer hat einen kleinen Lautsprecher auf dem Dach – und machte die Durchsage im örtlichen Dialekt: „Macht die Bahn frei, treibt eure Kühe runter, jagt die Ziegen weg! Macht die Bahn frei!" Es war lustig. Ich erinnere mich, dass ich letztes Jahr zusah, wie das Flugzeug abhob. Damals stand ich neben meinem Vater. In tausend Jahren hätte ich nicht erwartet, selber einmal in diesem Flugzeug zu sitzen!

Weil mein Auge immer noch schmerzte und lichtempfindlich war (obwohl es schon viel besser ging), saß ich die meiste Zeit des Fluges mit geschlossenen Augen da. Wir mussten in Blantyre auftanken und ich schaffte es, ohne meine rosa Augenklappe durch den Zoll zu kommen. Stattdessen trug ich eine Sonnenbrille!

Der Flug war ziemlich ruhig. Als der Flieger erst einmal seinen schweren Bauch vom Boden hatte, war alles okay. Mir war schlecht, deshalb machte ich die Augen zu und schlief.

Als wir uns Pemba näherten, drangen immer wieder mal Gesprächsfetzen aus den Kopfhörern in mein Bewusstsein; Charles und Steve plauderten mit Rolland. Plötzlich war ich hellwach, als ich hörte: „O nein, wir haben das Staurohr verloren – die Kreiselkompassanzeige ist futsch und der künstliche Horizont auch!" Da rastete ich fast aus; einer der Passagiere stellte dann die GROSSE Frage: „Was heißt das eigentlich?" Zum Glück war alles okay. Die Landung würde sich etwas schwieriger gestalten, aber das war es auch schon.

Ein ganz normaler Tag im *Ministério Arco-íris*!

Lebensprinzipien: Laufschuhe

Gott hasst die Ungerechtigkeit, die sich aus Krankheit ergibt, und will, dass sie zerstört wird. Nachdem ich beobachtete, was Gott tut, hasse ich die Krankheit jetzt auch voller Leidenschaft, genau wie er. Aber ganz oft werden die Schlachten, die wir hier gegen Krankheit gewinnen, eher für andere als für uns selbst gewonnen. Schon mehrmals war ich sehr krank und fragte Gott: „Warum muss ich gegen die Krankheit ankämpfen?" Gott sagte mir: „Du kämpfst für die Gemeinde." In vielerlei Hinsicht stellt Gott in meinem Leben wie in einem Spiegel dar, was er für die

Gemeinde tun will. Ich verstehe nicht, warum, aber er benutzt mich als eine Art prophetisches Zeichen.

Im vorigen Kapitel habt ihr über die lebensbedrohliche Staphylokokken-Infektion gelesen, die mich buchstäblich von innen her zerstörte. Es war eine schreckliche, quälende Krankheit; dennoch brachte mir Gott durch sie zwei wichtige Dinge bei, die ich euch weitergeben will.

Ich war zusammen mit einer Freundin in Malaysia. Ich sollte mich um sie kümmern, landete aber im Krankenhaus und hing am Antibiotika-Tropf. Das passte mir gar nicht, und deshalb sagte ich eines Tages zu ihr: „Komm, wir ziehen den Tropf raus. Wir verschwinden und besorgen uns chinesisches Essen!“ Und so machten wir es. Im Krankenhaus war man keineswegs glücklich darüber, aber beim Gehen zahlten wir meine Rechnung, was konnten sie also sagen?

Bald kehrte ich nach Mosambik zurück; ich hatte immer noch heftig mit der Infektion zu kämpfen und betete im Glauben, dass Jesus mich heilen würde. Rolland war weg gewesen und musste sofort bei seiner Rückkehr ein anderes Flugzeug besteigen und mich zu einer Behandlung durch Spezialisten in ein südafrikanisches Krankenhaus bringen. Ich glühte vor Fieber und brennenden Schmerzen, konnte kaum stehen und litt Qualen.

In Südafrika lernte ich ein wichtiges Prinzip für alle, die zur Heilung gesalbt sein wollen, und auch für solche, die Gottes Heilung am eigenen Leib erleben wollen – Dankbarkeit und Freude. Oft, wenn wir Gebet empfangen, fühlen wir uns ein bisschen besser, sind uns aber vielleicht durchaus bewusst, dass wir nicht *ganz* geheilt sind. Wir neigen immer dazu, die augenblickliche, vollständige Heilung zu erwarten, statt uns an der Tatsache zu freuen, dass Gott uns angerührt hat. In jenem Krankenhaus lernte ich, Gott für jedes kleine bisschen Heilung zu danken, so wie er es schenkte.

Ich wurde dankbar für jedes Schrittchen, das möglich wurde, bis ich wieder rennen und springen konnte. Mit jedem Schritt, den ich ging, freute ich mich an dem, was Jesus tat. Ich meckerte und maulte nicht: „Ja, aber ich schaffe ja nur ein paar Schrittchen …“ Es ist sehr wichtig, sich zu freuen.

Die zweite Lektion, die ich lernte, war, dass Gott mich geschaffen hat, damit ich mein Rennen laufe, und zwar bis zum Ende. Ich lernte, dass man nie die Ziellinie aus dem Auge verlieren und nie aufgeben sollte. Und so war ich selbst in meiner Krankheit entschlossen zu laufen – sowohl körperlich als auch geistlich.

Am ersten Tag dort im Krankenhaus sagte ich zu Rolland: „O nein, ich habe meine Laufschuhe vergessen!“ Das war, oberflächlich betrachtet, albern. Schon ein paar Schritte zu gehen war eine Quälerei. Trotzdem sagte ich zu Rolland: „Ich habe meine Laufschuhe vergessen. Kauf mir bitte neue.“ Rolland diskutierte nicht mit mir. Er sagte einfach „Okay“ und zog los in ein Einkaufszentrum, um mir Laufschuhe zu besorgen. Er kam nicht mit einem Blumenstrauß zurück und versuchte mir zuzureden: „Sieh mal, du wirst doch sowieso nicht joggen können, ich hab dir lieber ein paar Blumen mitgebracht …“ Er sagte auch nicht: „Weh mir, meine kranke Frau liegt im Sterben!“ Er brachte mir einfach, worum ich ihn gebeten hatte. Er wusste, ich war entschlossen, nicht zu sterben. Nein, ich war entschlossen, laufen zu gehen!

Als ich dort im Krankenhaus lag, ergriff Jesus die Gelegenheit, um den geistlich Unterernährten in meiner Umgebung die Hand zu reichen. Ein Arzt kam zu mir und sagte, ich solle besser mein Testament machen. Nicht gerade das zartfühlendste Verhalten gegenüber einem Kranken, aber Gott segne ihn dennoch! Ich kaufte ihm eine Bibel. Es war ein russischer Arzt, der noch nie eine Bibel gelesen oder auch nur gesehen hatte. Ich redete mit ihm über Jesus, und die Gegenwart Gottes erfüllte mein Krankenzimmer.

Im Laufe der Zeit wurde Gottes Gegenwart in meinem Raum dichter und dichter, bis schließlich die Hilfskräfte, die zum Bettbeziehen hereinkamen, nicht mehr weggingen. Sie wollten in meinem Zimmer bleiben und konnten nicht aufhören zu weinen. Oft betete ich noch um vier Uhr morgens für die Mitarbeiter des Krankenhauses, weil sie ständig Schlange standen, um in mein Zimmer zu kommen! Sie sagten mir: „In diesem Raum ist so viel Leben!“

Nach zweiunddreißig Tagen Kampf, müde und erschöpft, betete ich: „Gott, ich weiß, dass deine Gegenwart diese Staphylokokken-Infektion abtöten kann. Deine Gegenwart kann, was die Antibiotika nicht schaffen. Du bist ein mächtiger Gott, der die Werke des Feindes zerstört.“ Ich war entschlossen zu erleben, wie sich die Macht Gottes in meinem kleinen tönernen Gefäß manifestierte. Zu dem Zeitpunkt entschieden Rolland und ich, dass wir das Krankenhaus verlassen und einen anderen „Spezialisten“ aufsuchen würden. Wir beschlossen, schließlich doch an einer Konferenz in Toronto teilzunehmen, bei der ich sprechen sollte. Dort, während ich predigte und mich am Rednerpult festklammerte, weil ich kaum stehen konnte, heilte mich unser souveräner Herr vollständig, und ich tanzte wieder in seiner Gegenwart!

Genau wie eine heimtückische Staphylokokken-Infektion, die dich von innen her zersetzt, will der Feind den Leib Christi zersetzen. Er will zerstören, was Gott schön und herrlich machen möchte. Die Gemeinde bewegt sich langsam und träge. Aber der Herr will unsere Knochen heilen, unsere Bänder und Gelenke, und er will uns laufen und zu Ende bringen lassen, was er für uns vorgesehen hat.

Reduziere deine Theologie nie auf deine Erfahrung! Glaube jedes Wort, das Gott sagt. Sei dankbar für alles. Und erkenne, dass es Zeit ist, deine Joggingschuhe anzuziehen und dein Rennen zu Ende zu laufen. Halte durch und laufe, und gib niemals, niemals auf!

Kapitel 8

Weihnachten in der Erweckung

Dezember 2005 bis Januar 2006

Update von Rolland und Heidi Baker

News-Archiv: 26. Dezember 2005

Ich kann die Wellen des Indischen Ozeans hören, die im Dunkeln sanft die Felsen und Korallen am Strand von Pemba umspülen. Die Luft ist warm und ruhig. Alles schläft friedlich in unserem merkwürdigen, strohgedeckten Haus weit im Norden von Mosambik. Und es ist drei Uhr früh, Zeit aufzustehen. Heute muss ich mehr als tausend Meilen reisen und habe ein straffes Programm. Bald fällt Scheinwerferlicht durch die Bäume an unserem Tor. Ich werde für die Fahrt zum Flughafen abgeholt.

Leise lade ich mein Gepäck in den Landrover, und wir fahren über Furchen und Sand, bis wir den Hauptweg erreichen und an unserem Zentrum vorbeikommen. Die Straßen liegen still und verlassen da. Wir lenken den Wagen bergauf und erreichen den Flughafen auf einem Hügel über Pemba und seiner riesigen, makellosen Bucht, die kaum genutzt wird. Wir fahren an dem winzigen Terminalgebäude vorbei und auf die Rollbahn zu unserer Cessna 206, die neben ein paar größeren Verkehrsflugzeugen parkt. Meine drei Passagiere helfen mir, beim Licht einer Taschenlampe das Flugzeug zu beladen. Ein Wachmann kommt herüber und sieht nach dem Rechten, aber es ist alles in Ordnung.

Im Osten beginnt der Himmel zu flimmern und hell zu werden, an silbernen Wolkenstreifen knapp über dem Horizont zeigen sich orangefarbene und rote Ränder. Der Tower ist geschlossen, aber ich habe meinen

Flugplan schon gestern Abend durchgegeben und die Gebühren bezahlt. Das Lärmen unseres Motors durchbricht die Stille der Nacht, wir starten und rollen auf die Startbahn in einer vom Meer aufkommenden Brise. Sanft heben wir ab und begeben uns auf einen Kurs, der uns langsam von der Küste wegführt zu der Stadt Beira in Zentralmosambik, unserem ersten Stopp, viereinhalb Stunden südlich.

In der aufgehenden Sonne erstrahlt die Schönheit des Himmels um uns herum. Wolken kommen auf uns zu und schießen vorbei – ein herrlicher Anblick! Wir staunen einmal mehr über die prachtvolle Schöpfung. Hügel, Flüsse und Steppen fliegen unter uns dahin. Ich erreiche unsere Flughöhe bei 8000 Fuß und bringe das Flugzeug auf Reisegeschwindigkeit. Niemand ist da, mit dem ich über Funk reden könnte, deshalb lasse ich über die schalldämpfenden Kopfhörer Anbetungsmusik laufen … Und so reisen wir angenehm und bequem, jeder von uns in Gedanken und Gebet versunken.

Wieder einmal gehen mir die Makua durch den Kopf, eine Volksgruppe von vier Millionen Menschen, die in entlegenen Hütten weit unter uns verstreut leben, und wie Gott sie in den letzten paar Jahren so gnädig umworben hat. Ich denke darüber nach, was unser guter Hirte in ganz Südostafrika gewirkt hat, seit wir vor über zehn Jahren in Mosambik ankamen. In Macht und Herrlichkeit fand er verlorene Schafe und offenbarte das Reich Gottes, wie wir es nie erträumt hätten. Immer schon haben wir uns nach Erweckung ausgestreckt, und jetzt sind wir überwältigt von einer Bewegung, die unsere natürliche Fähigkeit, den Überblick zu behalten, weit übersteigt.

Das Erntefeld ist reif und bereit in Afrika. Die Armen wissen, dass sie den wahren und lebendigen Gott brauchen, und wenn sie ihm in Jesus begegnen, dann laufen sie zu ihm. Sie weigern sich nicht. Sie sind nicht verhärtet. Sie wissen, dass sie endlich gefunden haben, wonach ihr Herz verlangt. Dieser Jesus, der die unheilbar Blinden und Kranken in ihren Dörfern heilt, ist die ewige Liebe. Sie wollen mehr wissen. Sie wollen näherkommen. Sie wollen Pastoren, Gemeinden und eine Bibelschule, sofort. Sie können nicht genug bekommen. Sie rufen, tanzen, singen und beten mit unbändiger Energie an, weil Jesus es wert ist. Sie wissen, sie können in ihrer Leidenschaft für ihn nicht übertreiben. Und er antwortet darauf mit seinem Geist …

Jedes Vierteljahr füllen sich unsere fünf Bibelschulen mit neuen Pastoren und Studenten aus dem Busch. Man kann nur staunen, wie

Jesus sie bringt, jedes Mal mehr. Es verändert dich selbst, wenn du siehst, wie ganze Dörfer zu Jesus kommen, sobald sie seine Liebe und Macht erleben. Das Reich Gottes ist wirklich zu uns gekommen, wenn heidnische, synkretistische Dorfoberhäupter unser Mikrofon nehmen und ihren Leuten zurufen: „Dies ist echt! Das könnte keiner tun außer Gott! Hört auf diese Christen!“

Ein hartnäckiger, unstillbarer Hunger nach dem geisterfüllten Leben als Christ und wachsende Erweckung breiten sich über Afrika aus. Wenn die Verzweifelten hören, was der Geist unter uns wirkt, bitten sie uns dringend, auch noch andere Länder zu besuchen. Ständig wird nach Buschkonferenzen verlangt. Leiter wollen Lehre, Ermutigung, Anleitung und Gemeinschaft. Die Menschen hungern nach Gott, besonders in zerstörten, vom Krieg erschütterten Ländern. Bei allem durchaus vorhandenen kulturellen Reichtum, und trotz Versprechungen von Gesundheit und Wohlstand, die ihnen immer wieder einmal gemacht werden, wissen die Menschen, dass sie nichts haben, wenn sie Gottes Gegenwart und Nähe nicht haben.

Beim Weiterfliegen bewegen mich die Erinnerungen an das eben erst ausführlich gefeierte Weihnachtsfest. Das Reich Gottes kommt zu den Armen in Afrika: Wie perfekt wurde das von den Weihnachtsfeiern illustriert ...

Ein Bericht über Weihnachten

> Wenn du ein Mittag- oder ein Abendessen machst, so lade nicht deine Freunde ein, noch deine Brüder, noch deine Verwandten, noch reiche Nachbarn, damit nicht etwa auch sie dich wieder einladen und dir Vergeltung zuteil werde. Sondern wenn du ein Mahl machst, so lade Arme, Krüppel, Lahme, Blinde ein! Und glückselig wirst du sein, weil sie nichts haben, um dir zu vergelten; denn es wird dir vergolten werden bei der Auferstehung der Gerechten.
>
> Lukas 14,12-14

Schweißüberströmt, voller Schmutz und Fliegen verbrachten Heidi und unsere Mitarbeiter eines Nachmittags kurz vor Weihnachten fünf Stunden damit, den „Geringsten von ihnen“ auf der Müllkippe der Stadt Maputo in der Nähe unseres Zimpeto-Zentrums das Leben und die Freude des Evangeliums zu bringen. Die brennenden Müllhaufen flimmerten bei 45°C durch

Rauch und Dämpfe, aber nichts konnte das Feiern aufhalten. Wir verteilten Lebensmittelsäcke an alle. Frauen tanzten vor Freude, in ihre farbenprächtigen Tücher gehüllt. Chöre sangen wunderschön und voller Harmonie. Mit den Gläubigen feierten wir das Abendmal mit Brot und Wasser – etwas anderes gab es in dieser armen Gemeinschaft nicht. Als wir alle, mit denen gerechnet wurde, bedacht hatten, waren immer noch Spielsachen in unseren Kisten, und so eröffneten wir die Schlange noch einmal für die zu spät Gekommenen! Weil Jesus gestorben ist, gibt es immer genug …

Wieder im nördlich gelegenen Pemba, begannen wir unseren Weihnachtsabend mit einem guten Essen für unsere Mitarbeiter in der Nähe des Strandes in der warmen Abendluft unter funkelnden Sternen. Voller Staunen und Bewunderung dankten wir Gott dafür, dass er uns so viele so gute Leiter in der *Iris*-Familie geschenkt hat, sowohl ausländische als auch mosambikanische, die Jesus uns für sein Werk gibt. Ihre Liebe, ihr Glauben und ihre Hingabe machen uns so reich. Es gab keinen Schnee und kein knisterndes Kaminfeuer, aber unsere Zeit miteinander war erfüllt von Wärme und Freude.

Spät in der Nacht feierten wir dann einen Kerzen-Mitternachtsgottesdienst mit unseren Kindern und Arbeitern. Alle Kinder liefen und sprangen schreiend mit ihren brennenden Kerzen auf Papierhaltern in der Dunkelheit herum – es war eher ein heiliges Chaos als Stille Nacht. Aber in dem warmen, flackernden Leuchten und vor den tanzenden Schatten sangen auch wir und beteten auf unserem Angesicht zu unserem König. Wir hatten Lichter und Dekorationen und sogar einen schönen Baum mit Kerzen, aber die eigentliche Attraktion in unserem Herzen war Jesus. Welch eine wunderbare Zeit und Atmosphäre, wenn man bedenkt, dass wir drei Jahre zuvor ohne jede Einrichtung und mit nur fünfzehn Gläubigen in dieser „unerreichbaren" Stadt Pemba angefangen hatten! Um drei Uhr morgens fielen wir schließlich ins Bett …

Der Weihnachtstag war erfüllt von freudiger Aktivität. Wir hatten unsere moslemischen Freunde und die Medien in unser neues Zentrum eingeladen, das gerade im Entstehen ist. Mehrere Hundert Kinder waren kurz zuvor in ihre neuen Schlafsäle eingezogen und hätten kaum aufgeregter sein können. Heidi und unsere Mitarbeiter verteilten Geschenktüten, beginnend mit den kleinsten Mädchen (siehe Fotos). Unsere Missionare hatten sich gewaltig ins Zeug gelegt, um diese Geschenke zu kaufen und nach Pemba zu schaffen, und der Anblick der vernachlässigten, verlassenen und verwaisten Kinder, die zum ersten Mal im Leben beschenkt wurden, lässt sich nicht mit Gold aufwiegen. Sie wussten kaum, wie sie reagieren sollten, doch uns war klar, dass sie sich endlich geliebt und wertgeschätzt fühlten.

Als Nächstes hielten wir einen Weihnachtsgottesdienst in unserm riesigen grün-weiß gestreiften Versammlungszelt. Es war heiß, ein normaler Sommertag in wirbelndem Staub, aber der Heilige Geist ist nach Pemba gekommen. Erfrischend wehte die sanfte Brise Jesu über Pastoren, Kinder und Besucher, als wir Carlos, einen unserer Bibelschullehrer, und seine Braut, eine Vollwaise aus Dondo, verheirateten. Welch ein wunderschöner Zeitpunkt für eine mosambikanische Hochzeit! Wir sind dankbar für die Ringe und Brautkleider, die *Iris* zur Verfügung gestellt werden, damit wir vielen armen Paaren helfen können, die von uns verheiratet werden wollen.

Natürlich predigten wir auch und riefen zur Buße auf, wie immer. Alle Kinder der Gemeinschaft waren eingeladen, und über hundert von ihnen kamen vor, um errettet zu werden. Dann ging unsere gesamte Gemeinde raus über die Straße an den Strand, und wir tauften Hunderte der jungen Gläubigen im Angesicht einer immer größer werdenden Menge von neugierigen und staunenden Zuschauern. Die Leute von Pemba können Freude, Vitalität und gute Werke erkennen. Ihr langjähriger Widerstand gegen das Evangelium schmilzt dahin, und mehr und mehr von ihnen werfen sich dem Erlöser rückhaltlos in die Arme.

Gischtgekrönte Wellen bis zum Horizont zierten unser wunderschönes blaugrünes Wasser an diesem ungewöhnlich windigen Tag. Unsere Kinder sprangen, tauchten und lachten in den Wellen, als diese neuen Geschöpfe in Christus, viele von ihnen ehemalige Moslems, wieder aus der Brandung auftauchten, lachten, sangen und anbeteten und sich öffentlich mit dem übernatürlichen Leben Jesu identifizierten.

Und dann wurden alle noch aufgeregter, als eine Besucherin aus England, eine bekannte Pferdetrainerin, ein wunderschönes, prächtiges Vollblut vorstellte, das sie für die Kinder nach Pemba gebracht hatte. Sie ritt den Strand auf und ab und ging mit dem Pferd sogar ins tiefe

Wasser, und unsere begeisterten Kinder rannten hinter ihr her mit einer Mischung aus Staunen und furchtsamer Vorsicht.

Dann gingen wir alle zum Zentrum zurück, um unser Weihnachtsfestessen zu genießen, das aus Hühnchen, Reis, Krautsalat und Coca-Cola bestand, seltene Gaumenfreuden für die Armen. Wir luden alle ein, und schließlich hatten wir um unseren festlich geschmückten offenen Essraum herum zweitausend Leute versammelt – es war der reinste Tumult. Einige von unseren jungen Mädchen führten einen dynamischen afrikanischen Tanz auf, den sie extra für diese Gelegenheit fleißig einstudiert hatten. Afrikanische Trommel und afrikanischer Tanz, vorgetragen in der reinen Freude des Herrn, jagen einem immer Schauer über den Rücken. Überall waren Menschen, der Fußboden war übersät mit Reiskörnern, leeren Colaflaschen und Geschenkpapierfetzen, Bänke standen kreuz und quer in der Gegend herum – einfach herrlich! Und für die meisten das erste Weihnachtsfest überhaupt.

Heidi wurde zweimal von Reportern des örtlichen Radiosenders interviewt, den auch Regierungsbeamte hören. Sie staunten über dieses riesige Fest für die Armen und auch darüber, dass so viele von außerhalb und völlig Fremde gekommen waren. Heidi erzählte von unserer Grundschule, die bald eröffnet werden soll und den Kindern des Ortes kostenlose Schulbildung anbietet, und von unserer Vision, noch viel mehr Kinder aufzunehmen. Die moslemischen Medienvertreter waren bewegt, und sie werden eine Fernsehcrew schicken, um über diesen neuen christlichen Einfluss in ihrer Gesellschaft zu berichten.

Aus unseren fünfzehn Gläubigen vor drei Jahren sind über 240 Gemeinden in dieser Provinz geworden, und jede Woche kommen neue hinzu. Aber Jesus möchte seine ganze Makua-Braut von vier Millionen, und so werden wir mit Barmherzigkeit und Gnade, Liebe und Kraft weitermachen, bis die Provinz gewonnen ist, auf seine unwiderstehliche, wunderbare Art und Weise.

Auch an den anderen Standorten genoss unsere *Iris*-Familie wunderbare Weihnachtsfeiern. Überall spiegelte sich die Kraft des Evangeliums wider, den Armen Leben und Hoffnung zu bringen, jedem, der den Erlöser empfangen möchte. Aus ganzem Herzen freuen wir uns auf das Jahr 2006, in dem das Beste noch kommt und wir ihn immer besser kennenlernen. Sein Leben und seine Freude erfülle den ganzen afrikanischen Kontinent!

◇◇◇◇◇◇◇◇

Wir beten weiter und loben Gott, und durch unterschiedliche Himmels- und Wetterbedingungen, durch Wolken und schweren Regen dringt unser kleines blauweißes Flugzeug langsam Richtung Süden vor, bis wir schließlich über dem Hafen von Beira zum Instrumentenflug heruntergehen. Es ist noch ein weiter Weg bis Nelspruit in Südafrika, und dann muss ich mein Flugzeug zur Inspektion in Nelspruit lassen und den ganzen Weg nach Johannesburg fahren. Dort treffe ich mich mit Heidi, und wir beide gehen auf eine Predigttour rund um die Welt und bezeugen das Evangelium der Gnade Gottes. Wir laufen und ermatten nicht, wir gehen und ermüden nicht; wir hoffen auf den Herrn und gewinnen neue Kraft und heben die Schwingen empor wie die Adler …

Weihnachten in Mosambik

Wie sieht der Weihnachtstag mit vierhundert Kindern in einem Waisenhaus in Mosambik aus?

[Blogeintrag der *Iris*-Missionarin Nancy Anderson, die in einem unserer Kinderheime dient]

Es begann um sieben Uhr früh an einem herrlich kühlen und wolkigen Morgen mit einem besonderen Frühstück für die Kinder – Erdnussbutter aufs Brot und eine Banane (normalerweise gibt es nur Brot). Um acht Uhr erhielt jedes Kind in jedem Schlafsaal neue Kleider. Obwohl es in jedem Schlafsaal etwas unterschiedlich gehandhabt wurde, war das üblicherweise ein neues Hemd, eine neue kurze Hose und neue Unterwäsche. Manche Kinder bekamen auch Socken und Sandalen. Dann ging „Papa Noel" (der Weihnachtsmann), der von drei Leuten gespielt wurde, nämlich dem Zentrumsdirektor, dem leitenden Erzieher der Kinder und dem Hauptpastor, von Schlafsaal zu Schlafsaal, um die Geschenke zu überbringen. Jedes Kind bekam einen „Sack" voller Dinge. Die meisten Tüten waren verziert und in irgendeiner Form persönlich gestaltet. Alles Mögliche befand sich in diesen Tüten, Puppen, Lipgloss, Nagellack, Spielzeugautos, Murmeln, Süßigkeiten, Füller, Buntstifte und Papier, Kreisel, kleine Spielzeugklaviere, Spielzeughandys, Plastikbälle, Spiderman-Figuren usw. Die größeren Jungen bekamen je eine Armbanduhr, und für fast alle Schlafsäle gab es Gemeinschaftsgeschenke wie Brettspiele, Planschbecken, Bücher, Fußbälle, Mini-Basketballkörbe, Fahrräder usw.

Nach der Bescherung feierten wir Gottesdienst und gaben dann ein Essen für die Leute am Ort, bei dem ein wenig Huhn auf Reis serviert wurde (das ist etwas Besonderes). Den Höhepunkt des Tages bildete das Mittagessen für alle Kinder des Zentrums. Jeder bekam ein Viertel Huhn, Pommes frites, Krautsalat, Reis und eine Cola. Sauberer abgenagte Knochen habt ihr bestimmt noch nie gesehen, denn die Kinder bekommen ein solches Essen nur zu Weihnachten und am Kindertag am 1. Juni.

Was ich eben geschrieben habe, ist mehr der praktische/technische Aspekt des Tages. Meine Gefühle sind viel schwerer in Worte zu fassen, wie es ist, hier zu sein und all das geschehen zu sehen. Ich ging in einen Schlafsaal: Da saßen über sechzig Kinder ganz stolz in neuen Kleidern, die Augen voller Freude und Spannung, und warteten auf ihre Geschenke. Aus der freudigen Erwartung wurde förmlich Ekstase, als sie ihre Tüten öffneten, und bald darauf ein Riesentumult – über sechzig Kinder, die alle ihre neuen Sachen ausprobierten!

Es machte mich auch so glücklich, einige meiner besonderen Jungs mit einem eigenen neuen Fußball beschenken zu können. Einer der Jungen hatte Tränen in den Augen, ein anderer strahlte übers ganze Gesicht und ein dritter nahm mich so fest in den Arm, dass ich es nie vergessen werde! Für jeden dieser Jungen war es der erste Fußball nur für ihn allein.

Den ganzen Tag über beherrschte mich der Gedanke, dass ich nirgends auf der Erde lieber sein wollte als hier. Irgendwie brachten mir das Strahlen dieser Kinder und ihre Freude über ihre kleinen Geschenke die wahre Bedeutung von Weihnachten nahe. Ich bin traurig, wenn ich bedenke, wie viel diese Kinder bekamen im Vergleich zu den meisten anderen Kindern in Mosambik, die unter großen Schwierigkeiten jeden Tag zu überleben versuchen und überhaupt nichts bekommen.

Von Heidi ...

3. Dezember 2005, 24.00 Uhr

Ich möchte euch danken für eure wunderbare Reaktion im Gebet. Als ich im Krankenhaus lag, sprach Gott zu mir über seinen Wunsch nach Vervielfältigung. Ich möchte erleben, wie Gott eine ganze Armee von hingegeben Liebenden aufrichtet, die seine Herrlichkeit bis an die Enden der Erde tragen.

Ich glaube, Jesus will unter Studenten eine Bewegung von vielen ehrenamtlichen Missionaren freisetzen, die helfen, das Evangelium jedem Stamm und jeder Sprache zu bringen. Vor ein paar Wochen kam ich von einer intensiven dreiwöchigen Konferenztour zurück, während der Gott mir aufgetragen hatte, den Studenten an Ivy-League-Eliteuniversitäten zu dienen.

Wir gingen zur Harvard-Universität, wo einst die erste große Erweckung in Amerika, „The Great Awakening" diese Nation berührt hatte. Ein junger Harvardstudent namens Matteus kam während der Veranstaltung zu mir und sagte: „Ich möchte dem Gott begegnen, von dem ihr sprecht, aber mein Verstand ist zu stark." So beteten wir für ihn, dass sein Herz größer werden würde als sein Verstand! Ich rief einen der Gemeindeleiter herbei, damit er ihn in den Arm nahm. Gott Vater wollte ihn umarmen. Später sah ich Matteus, wie er Jesus voller Leidenschaft anbetete, mit hoch erhobenen, zitternden Händen und immer wieder sagte: „Ich fühle Gott! Ich fühle Gott! Ich fühle Gott! Er ist so stark!"

Ich empfand, ich solle einen Aufruf machen für solche Studenten, die sich wie Waisenkinder vorkamen. Der Vater sprach zu mir über sein Herz, dass er die Jugend Amerikas heilen wollte, wie er unsere mosambikanischen Kinder heilt. Die Studenten strömten regelrecht nach vorn. Sobald wir sie in den Arm nahmen, berührte sie der Heilige Geist, und sie fingen an zu weinen. Die Gänge waren voll von weinenden Universitätsstudenten. Manche wurden gerettet. Viele wurden körperlich geheilt. Und das Wichtigste: Mitten in der Harvard-Gedächtniskirche wurde Jesus wieder angebetet!

Gegen zwei Uhr morgens mussten Rolland und ich Schluss machen, denn die Studenten hatten am folgenden Morgen Vorlesungen. Als wir die Versammlung beendeten, kugelten sich Studenten auf den Harvard-Marmorstufen, überwältigt von der Kraft des Heiligen Geistes. Ein anderer Leiter sagte zu mir: „Unbegreiflich. Es ist wahrscheinlich Jahrzehnte her, dass so etwas an der Harvard-Universität geschehen ist!"

Gott wird diese Armee von gehorsamen Missionaren freisetzen, die ihr Leben nicht lieben bis in den Tod. Ich erinnere mich an das berühmte Zitat von Jim Elliot:

> „Der ist kein Narr, der loslässt, was er nicht halten kann, um zu gewinnen, was er nicht verlieren kann."

Jetzt bin ich froh, wieder zu Hause zu sein. Wir hatten gerade unsere jährliche Regionalkonferenz im Süden in Zimpeto, wo Hunderte Menschen errettet wurden. Es gab einen blinden Jungen, der seit zwei Jahren nichts gesehen hatte. Er wurde in einem Augenblick geheilt.

Seine Mutter war voller Freude. Der Herr sagte mir, dass es in der Versammlung zehn Frauen mit schlimmen Rückenschmerzen aufgrund von Unvergebenheit gebe. Sobald sie nach vorn gekommen und Buße getan hatten, heilte Jesus alle zehn. Ich hörte auch vom Herrn, dass ein Tauber da sei. Dreißig Minuten wartete ich, bis er nach vorn kam. (Ich nehme an, jemand musste ihm erst beibringen, was ich gesagt hatte!) Er wurde geheilt und sagte mir, dass Jesus ihn zu dem Treffen geführt habe. Würdig ist das Lamm!

Wir gingen zu einer weiteren Konferenz zu unserer Station in Dondo, und Gott zeigte sich auf außergewöhnliche Weise. Ich rief den Heiligen Geist an, dass er sich über den Menschen bewegen möge, und er kam wie ein Wirbelwind. Die Leute begannen herumzuwirbeln und auf den Boden zu fallen. An dem Abend wurden mehr Menschen geheilt, als wir zählen konnten. Nach der letzten Abendveranstaltung kletterte ich hinten auf unseren Pickup-Laster, um nach Hause zu fahren, da kamen noch ein paar unserer Jungs angerannt und baten mich, für einen Jugendlichen zu beten, der seit Neuestem in unserem Zentrum lebte. Er war blind. Die Gegenwart Gottes kam auf ihn, und er wurde geheilt. Welch ein Segen für die Jugendlichen!

Ich hatte den schönsten Empfang, den man sich nur wünschen kann, als ich wieder heimkam nach Pemba. Die Kinder waren alle am Flughafen und sangen und freuten sich mit mir über meine wunderbare Heilung! Sie hatten tagelang gebetet und gefastet und an dieses Wunder geglaubt. Welch eine wunderbare Familie wir haben! Beim Einsatz diese Woche wurden Hunderte errettet! Es war wunderschön für mich, für einen kleinen, taub geborenen Jungen zu beten, dessen Ohren sich dann öffneten! Sein Vater war außer sich vor Freude!

Ihr seid mir so kostbar. Danke noch einmal, dass ihr für mich betet und dass ihr die Armen nicht vergesst!

Herzliche Grüße in Jesus
Heidi

Antworten auf die Blogeinträge

Cathy VS.: 9. Dezember 2005, 17.21 Uhr

Gott lässt mich mein Leben immer mehr für ihn niederlegen, und ich sehne mich danach, an dieser ehrenamtlichen Mission von Studenten teilzunehmen. Mein Leben verliert sich immer mehr in Jesus. Jeden Tag liebe ich ihn mehr. Ich liebe Afrika und sehe, was Gott in seinen Leuten dort und um sie herum wirkt.

Kimberly S.: 14. Dezember 2005, 5.32 Uhr

Heidi, wusstest du, dass am selben Tag, als dein Bericht ins Netz gestellt wurde, auch ein Bericht von Paul Strand von CBN erschien mit dem Titel „Erweckung für Neuengland vorhergesagt“? Kürzlich schrieb er auch über geistliche Erweckung an Ivy-League-Eliteuniversitäten.

Sid C.: 16. Dezember 2005, 20.36 Uhr

Danke, Gott, für das, was du in Harvard getan hast. Es ist nötig, dass du das Gleiche auch an unseren Universitäten in England wirkst, Gott. Bitte vergiss Großbritannien nicht. Wir hungern und dürsten danach, Gott hier mächtig zu erleben.

◇◇◇◇◇◇◇◇

Wir waren tief berührt von der überwältigenden Ausgießung von Liebe und Gebet, die wir aus der ganzen Welt erfuhren, als Heidi lebensgefährlich erkrankt und einen Monat lang im Krankenhaus war. Schließlich, zum genau richtigen Zeitpunkt, heilte Jesus sie innerhalb von Minuten, während sie im Angesicht alles satanischen Widerstands eine Botschaft der Gnade und Freude predigte.

Es ist unsere Freude, jeden Tag von Neuem die Gelegenheit zu haben, die Bergpredigt in der Kraft des Geistes zu leben. Wir rühmen uns unserer Schwachheiten, denn in ihnen sind wir stark. Wir verlieren unser Leben um seinetwillen, und doch können wir nicht verlieren, denn stattdessen bekommen wir mehr als Eroberer. Wir wollen immer zur Ehre seiner Herrlichkeit leben. Bitte betet weiter für uns!

Fotos zu dem Bericht über Weihnachten

1. Unser Kerzen-Mitternachtsgottesdienst an Heiligabend

2. Staunen und Neugierde über Weihnachtsgeschenke

Fotos von Heidi, 3. Dezember

1. Kochen für die Konferenz in Dondo

2. Unsere Kinder in der Kirche in Zimpeto im Süden

3. Unsere Jungenfamilie mit Heidi und Dr. Guy Chevreau in unserem neuen Zentrum

Kapitel 9

Lieben, das ist unsere Aufgabe

Februar bis März 2006

Heidis Blogeintrag

25. Februar 2006, 14.18 Uhr

Mein Januar war wild und wunderbar – eine Tour durch elf Länder. Am allerbesten gefiel es mir unter den bulgarischen Zigeunern mit unseren Freunden Georgian und Winnie Banov. Es gibt so viele Geschichten darüber, wie Gott seine Liebe ausgießt. Eine kommt mir in den Sinn, die die Liebe des Vaters für die Kranken zum Ausdruck bringt. Eine Mutter brachte ihren fast blinden Sohn zu mir. Er sah nur undeutliche graue Schatten. Als ich ihn eine Weile im Arm hielt, begann er zu weinen. Zum ersten Mal im Leben konnte er alles absolut klar sehen. Wir drei nahmen uns gegenseitig in den Arm und weinten miteinander und dankten Jesus für das, was er eben getan hatte. Es war eine Riesenfreude, die Frucht der Liebeswerke der Banovs zu sehen, wie sie sich seit so vielen Jahren unter den Armen ausgießt. Ich fühlte mich unter diesen Leuten zu Hause.

Nun bin ich schon eine Weile wieder in Pemba, aber es scheint, als sei in ein paar Tagen mehr passiert als im ganzen vorigen Jahr! Immer mehr Wunder geschehen. Donnerstag Abend, als wir in ein Dorf im abgelegensten Busch von Cabo Delgado gingen, rief ich die Tauben nach vorn, nachdem Hunderte Menschen errettet worden waren. Schließlich brachte Tanya, eine unserer Missionarinnen, den Kindern und mir einen tauben Jungen, der augenblicklich geheilt wurde. Als seine Mutter das bezeugte, wurden uns fünf weitere Taube gebracht, einschließlich einer Taubstummen, die völlig von Sinnen war. Gemeinsam legten die Kinder und ich ihnen Hände auf. Jesus heilte sie alle voller Barmherzigkeit und Güte. Die Taubstumme konnte auch sprechen, und sie war wieder bei Verstand. Das Reich Gottes gehört den Kindern! Die Liebe Gottes stellt dieses Dorf auf den Kopf. Nächste Woche werden wir genau in diesem Dorf eine Gemeinde bauen.

In unserer Station in Pemba, wo sich Hunderte Pastoren und Bibelschüler im Staub versammeln, zerlumpt und oft ohne Schuhe, kommt jeden Tag aufs Neue der wunderbare Heilige Geist und bewirkt Veränderung im Leben der Armen. Voller Eifer studieren sie das Wort Gottes und sehnen sich danach, dass ihre Provinz transformiert wird. Sie lehren mich, was wahrer Reichtum ist. Das Reich Gottes gehört den Armen im Geist.

Neben all diesen Segnungen haben wir auch einige heftige Schwierigkeiten durchzustehen, zu zahlreich, als dass sie alle genannt werden könnten. Bitte betet weiter für uns. Einer unserer Arbeiter hat versucht, einen anderen umzubringen. Das war traumatisch. Außerdem zeigte sich die Regierung anfangs dieser Woche sehr feindselig gegenüber unserer ersten Grundschule in der Provinz Cabo Delgado. Aber nach Gebet und Fasten scheinen wir eine Art Durchbruch zu erleben. Wir nehmen fast täglich weitere Kinder auf und freuen uns von Herzen über sie.

Vergesst nicht, euren Weg für den Einzelnen zu unterbrechen.

Herzliche Grüße in Jesus
Heidi

Von Georgian Banov
[http://www.riverlution.net/january06bulgaria.htm]

Für uns persönlich war das Highlight und die große Freude diesen Monat, zum ersten Mal unseren geliebten Zigeunern in Bulgarien Rolland und Heidi Baker von *Iris Ministries* vorzustellen. Es war der kälteste

Winter seit hundert Jahren, und unser Gebäude war überhaupt nicht beheizt. Wir mussten die ganze Zeit tanzen, um warm zu bleiben!

Erstaunlicherweise kamen die Zigeuner in Scharen, trotz der Kälte; sie waren so hungrig nach mehr von Gott. Wie Popcorn in der Pfanne aufspringt, so schnell geschahen augenblickliche Heilungen, und die Bakers hinterließen in der Erweckungserde hier ein reichhaltiges Heilungsvorkommen. Rolland und Heidi fühlten sich unter den Zigeunern vollkommen zu Hause, denn ihre Herzen sind voller Liebe und Mitleid mit den Ärmsten der Armen.

Brief von Heidi

25. März 2006, 12.40 Uhr

Vielen Dank, dass ihr in Kontakt bleibt und für mich betet. Es hilft so sehr zu wissen, dass man von Gebet abgedeckt ist, besonders in Schwierigkeiten. Eines unserer wunderbaren Babys, das ich Maria Esperanza genannt hatte, ist letzte Nacht verstorben. Sie war ein Geschenk, ein Schatz, der uns für eine kurze Zeit geliehen war. Wir werden sie alle vermissen.

Neulich war ich besonders berührt von 1. Johannes 4,7-8 und 16:

> Geliebte, lasst uns einander lieben! Denn die Liebe ist aus Gott; und jeder, der liebt, ist aus Gott geboren und erkennt Gott. Wer nicht liebt, hat Gott nicht erkannt, denn Gott ist Liebe. ... Und wir haben erkannt und geglaubt die Liebe, die Gott zu uns hat. Gott ist Liebe, und wer in der Liebe bleibt, bleibt in Gott und Gott bleibt in ihm.

Ich habe ein Ziel: in seiner Liebe erfunden zu werden.

Der Herr erinnert mich immer wieder, dass Lieben unsere Aufgabe ist. Ich möchte es schlicht halten. Ich könnte euch über die Tausenden von Gemeinden und die mächtige Erweckung hier erzählen. Ich könnte euch von den Tausenden Menschen erzählen, denen wir täglich Essen geben. Ich könnte euch von all den Zeichen und Wundern erzählen. Aber ich will euch lieber über das Leben eines Menschen berichten, eines kleinen Jungen namens Selsun. Letzten Freitag fand ich ihn, wie er in den Straßen von Maputo umherwanderte, traurig, mutlos und abgelehnt. Ich lief mit ihm durch die Hinterhöfe und freundete mich mit ihm an. Ich begleitete ihn zu seinem Unterschlupf unter einer Veranda. Ich erfuhr, dass seine Eltern bei einem Zugunglück ums Leben gekommen waren und dass seine Tante ihn prügelte. Sie will ihn nicht. Wir entschieden, ihn zu unserem Zentrum in Zimpeto zu bringen. Hanna, eine unserer Missionarinnen, kümmert sich um ihn. Jetzt liebt er Jesus. Er hat ein Zuhause. Er ist nicht mehr ängstlich oder allein. Jetzt kann er die Erfüllung seiner Träume erleben und zur Schule gehen! Wir müssen es schlicht halten und den Einzelnen lieben, der vor uns ist. Danke für euer Mittragen. Ihr seid geliebt.

Herzliche Grüße in Jesus
Heidi

Antworten auf Blogeinträge

Julie: 30. März 2006, 18.50 Uhr

Immer, wenn ich tief in das Vaterherz Gottes vordringen will, klicke ich auf diese Seite und bin sofort da. Es geht nur um dich, Jesus; es geht nur um Liebe. Ich kann nicht anders, als immer wieder die gleichen Dinge zu sehen und zu fühlen, wenn ich die Bilder dieser seiner kostbaren Kinder ansehe. Gottes Herz besteht aus dem, was sie ausstrahlen – Demut. Gott ist Liebe.

Giana S.: 6. April 2006, 16.44 Uhr

Ich bin zutiefst berührt von der großen Liebe unseres Vaters, dass wir in seinem Sohn seine Liebe, Güte, Freundlichkeit und seine Segnungen erfahren können. Er ist so gut. Ich habe großen Hunger und Durst nach Gott.

Ben M.: 19. April 2006, 20.59 Uhr

Liebe Heidi,
ich bin sieben Jahre alt. Ich habe etwas über Missionare gelernt. Danke für das, was du für Gottes Kinder tust. Ich werde für dich beten.

Dein Freund Ben

Sehen, was Gott sieht

Joanna Morrison: 31. März 2006, 22.14 Uhr

Wie gewinnen wir die rechte Perspektive inmitten von solcher Hoffnungslosigkeit, Angst, Hunger und Zerstörung? Ebenso wie die Propheten vor uns, die sich, verwirrt von der Zerstörung um sie herum, in die „Gegenwart Gottes“ zurückzogen. Dort begannen sie mit den Augen des Glaubens die Herzen zu erkennen, wie sie sich nach Liebe sehnten, wie die Gemeinde zu der vollkommenen Braut wird, die Einzelnen, die Gott in ihr Leben gestellt hat, damit sie mit seiner großen Liebe angerührt würden.

Nun weiß ich, dass dies die richtige Perspektive ist, und oft bin ich verzweifelt, denn ich habe nichts zu geben, weil ich die Gegenwart Gottes nicht gesucht habe. Gott ist immer gnädig, immer entgegenkommend und will mich in seinen Armen aufnehmen. Manchmal spricht er zu mir trotz meiner falschen Perspektive, und dafür danke ich ihm.

Einige Monate lang besprachen wir die Möglichkeit, in Bangula eine Frauenkonferenz zu veranstalten. Anfang Februar erkannten wir plötzlich, dass die Zeit jetzt dafür gekommen war. Die Frauen waren fertig mit Pflügen und Pflanzen und hatten deshalb Zeit zu kommen. Sie warteten auf Regen, und sie litten Hunger: Es schien eine gute Zeit zu sein zusammenzukommen und sich von einander und aus dem Wort Gottes ermutigen zu lassen.

Ich war nervös, wie immer, wenn eine große Gruppe Menschen zusammenkommt. Das Gedränge, die Krankheiten, das Klagen, der starke Geruch nach Urin und Schweiß – am liebsten will ich dann immer weglaufen. Ich bekannte meine Angst den Frauen der Verantwortlichen, mit denen ich mich jede Woche treffe, und bat sie, für mich zu beten.

Vor jeder Veranstaltung ging ich um unser Kirchengebäude herum und grüßte die Frauen. Sie lieben es, mich Chichewa sprechen zu hören. Viele baten mich um Gebet, und so wurde aus meinem Begrüßungsgang ein Gebetsgang. Ich betete und betete und betete, für Kinder mit furchtbar verklebten Augen, für Beine, die sich durch jahrelange Schwerarbeit verkürzt hatten, für verstopfte Bronchien und heftigen Husten. Ich rief zu Gott, die Frauen nichts verpassen zu lassen, weil sie krank und abgelenkt waren. Ich betete, dass sein Reich kommen möge. Ich rief die Frauen, dass sie kamen und anbeteten. Sie versammelten sich, und ich versuchte, ihre Anbetungslieder auf der Flöte zu begleiten, aber bald ging das völlig unter. Wir sangen wenigstens eine Stunde lang, und alle tanzten. Etliche Frauen griffen begeistert nach ein paar Flaggen, die ich hergestellt hatte und nun hervorholte.

Ich sprach über Johannes 6 und Lukas 14. Gott schien mir diese beiden Stellen zusammenzubinden – die Einladung zum Gastmahl und das Festessen, welches aus Leib und Blut Christi besteht. Am ersten Abend sprach ich in Chichewa, denn wir hatten keinen Übersetzer. Ich erzählte die Geschichte von der Speisung der Fünftausend und sagte, dass Jesus unsere Nöte *sieht* und *weiß*, was er tun wird. Alles, was von uns erwartet wird, ist *Glaube*, klein oder groß, dass Gott alles tun kann. Obwohl Jesus uns sieht und weiß, was wir brauchen, lädt er uns zu diesem Festmahl ein. Wir haben die Wahl. In dem Gleichnis vom Festmahl brachten alle eingeladenen Gäste eine Entschuldigung vor. Trotzdem war das Haus am Ende voll mit den Armen und den Bedürftigen. Willst du zu dem Festmahl kommen? Jesus lädt dich ein. Das Fest, zu dem Jesus dich einlädt, stillt einen Hunger, der viel tiefer sitzt als der Hunger nach Essen, der uns so oft treibt. In jedem von uns will er den Hunger nach Vertrautsein mit Gott stillen. Er will uns seinen Leib und sein Blut zur Speise geben. Was heißt das? Nun, Jesus hielt seinen Körper nicht für zu wichtig, um ihn hinzugeben, sein Blut nicht für zu wichtig, um es für uns zu vergießen. Wenn wir sein Leben annehmen sollen, werden wir unseres dafür geben müssen.

Beim Reden erlebte ich eine Überraschung. Ich erfasste, dass diese Worte über das Kostenüberschlagen direkt zu den übermäßig abhängigen malawischen Familien sprachen. Die Familienbande sind sehr stark, sei es, dass ein Bruder in Schwierigkeiten steckt oder eine Schwiegermutter enttäuscht ist, und keiner will loslassen. Kann man Jesus mehr lieben als seine Mutter? Mehr als seinen Vater? Mehr als das eigene Leben? So will er es. Kannst du deinen Kindern zugestehen, dass sie Jesus mehr lieben als dich? Genau das will er.

In Malawi sieht man häufig unfertige Häuser. Viele Leute fangen an zu bauen und haben dann kein Geld mehr, um den Bau zu Ende zu bringen. Jesu Geschichte zu diesem Thema fordert uns heraus, die Kosten vorher zu überschlagen. Das Leben mit Jesus zu führen kann kostspielig sein. Es bedeutet sich zu demütigen, zu leiden, loszulassen, aber gleichzeitig ist es ein Leben voller Freude, ein überfließendes Leben. Um der vor ihm liegenden Freude willen hat Jesus das Kreuz erduldet. Unsere Freude ist in Jesus. Die Party fängt heute an, wo wir das Leben mit Jesus beginnen, aber wir richten uns auf den Himmel aus. Wir werden das Lamm anbeten, und er wird unsere Tränen abwischen und uns zum lebendigen Wasser führen. Die Sonne wird nicht mehr brennen, und es wird keinen Hunger mehr geben. Halleluja!

Da unsere Gemeinden über ganz Malawi verteilt sind, haben wir sie noch nicht alle besucht. Die Aufgabe scheint zu groß, aber wir dürfen nicht vergessen, dass Jesus das Haupt der Gemeinde ist und dass er sie nicht verlassen wird, egal wie klein oder entlegen das Dorf ist. Es gibt viel armselige, wenn nicht gar falsche Lehre in den malawischen Gemeinden. Mit der Zeit hoffen wir alle unsere Pastoren auszubilden, so dass sie wenigstens manches richtig verstehen. Bis dahin vertrauen wir völlig auf Gott. Er ist der große Hirte, dem seine Schafe folgen, weil sie seine Stimme kennen.

Lebensprinzipien: Wie tief?

Gott liebt uns so sehr, dass er unsere Vorurteile über ihn zerstören will, damit der Heilige Geist frei unter uns wirken kann. Gott macht gerne die Schachteln kaputt, die wir uns basteln, um ihn und sein Wirken unter uns darin einzuschließen. Gott lässt sich nicht gern in eine Schachtel sperren! Gott ist souverän und heilig. Er ist gern Gott! Er will, dass wir an seiner göttlichen Natur teilhaben, ihm in seinen Fußspuren folgen. Aber er trifft alle Entscheidungen. Wir folgen nur. Gott hat gerne die Kontrolle. Er will das Kommando übernehmen, weil das heißt, dass Gott genau sein Ding macht. Unser Job ist es, hingegeben Liebende zu sein, bereit, mit ihm zusammenzuarbeiten.

Vor ein paar Jahren entschied ich, dass es mir egal wäre, wie Gott mich benutzt, ich wollte nur seinem Heiligen Geist ganz gehören. Das ist mein tägliches Gebet. Folglich weiß ich natürlich oft nicht, welchen Tag wir haben, wie spät es ist, in welchem Land ich mich gerade befinde oder wann mein Flug geht! Mein einziges Verlangen ist, vom Geist geleitet zu werden, wohin auch immer, wann auch immer. Ich hoffe einfach, dass mich irgendwer zur rechten Zeit ins richtige Flugzeug setzt! Oft weiß ich nicht, wohin die Reise geht, aber ich weiß, dass ich liebe. Nur darauf kommt es mir an.

In Hesekiel 47 lesen wir, wie Hesekiel eine prophetische Vision von Gott bekommt. Der Engel des Herrn führte ihn immer tiefer in den Strom, der aus dem Tempel Gottes hervorfließt. Was ist dieser „Strom Gottes", über den so viel geredet wird? Wenn wir vom Strom Gottes sprechen, sprechen wir von Jesus, von seiner sichtbaren Herrlichkeit. Der Strom ist kein Ding, sondern eine Person. Gott zieht uns in den Strom, damit wir in ihm untertauchen können. Er möchte uns umgeben, bis wir nicht mehr zu sehen sind. Wir müssen uns gestatten, so in seine Gegenwart versunken zu sein, dass er die völlige Kontrolle über uns hat; bis seine herrliche Gegenwart uns so einhüllt, dass wir anfangen, seine Gedanken zu denken; bis sein Herz in uns zu schlagen anfängt und wir seinen Rhythmus fühlen.

Der Engel des Herrn fragte Hesekiel eigentlich: „Wie tief willst du gehen?“ Wie tief willst du in das Herz Gottes eindringen? Wie tief in seiner Gegenwart willst du sein? Gott will dich in seiner Gegenwart sättigen – dich buchstäblich ertränken! Ja, Gott will dich tot! Aber dann wird er dich zum Leben wachküssen, dass du eine neue Schöpfung bist und für eine sterbende Welt der Duft Christi.

Zunächst ging Hesekiel nur bis zu den Knöcheln in das Wasser. Diese Vorstellung gefällt den meisten von uns. Wenn wir „bis zum Knöchel“ in Gott sind, fühlt sich das gut an, weil wir immer noch unser eigenes Ding machen können. Wir haben etwas von Gott, aber wir können gehen und reden und, wichtiger noch, wir behalten die Kontrolle.

Der Engel des Herrn sagte zu Hesekiel, wie Gott uns heute sagt: „Ich möchte, dass du noch tiefer hineinkommst.“ Gott möchte, dass wir uns in ihm verlieren; ahnungslos in seiner Gegenwart sind, hingerissen vom unwiderstehlichen Strom seiner Liebe. Gott wirbt um uns, lockt uns, tiefer und tiefer in ihn einzudringen. Er führt uns in die herrliche Gegenwart des Allerhöchsten; führt uns dahin, wo nicht mehr wir am Hebel sitzen, wo wir die Kontrolle abgeben und seinem Geist völlig ausgeliefert sind.

Wir haben zwei Wohnsitze in Mosambik, einer davon liegt am Ozean. Ich liebe es, jeden Tag beim Beten am Wasser zu sein. Oft schnorchele ich, hauptsächlich, weil mich unter Wasser keiner zu fassen bekommt! Mein Lieblingsplatz zum Beten ist im Wasser (nur übertroffen vom Wandern in fremden Ländern, wo mich keiner kennt). Ich liebe es, mit Gott allein zu sein. Ich werde ganz unruhig, wenn ich diese Zeit mit ihm allein nicht bekomme, denn er ist mein Atem, mein Leben, meine Kraft, meine Liebe. Er ist mein Alles, und ohne ihn kann ich nicht funktionieren. Hesekiel watete, bis er knietief im Wasser war, und wenn du knietief bist, fühlst du die Strömung. Aber knietief ist immer noch zu sicher. Ich bin dafür, dass man sich ganz und gar in die Fluten wirft. Gottes Ziel für dich ist, dass du quasi unter Wasser lebst, so tief versunken in ihm, dass du nicht mehr wie ein „normaler“ Mensch denkst, sondern dass du völlig von ihm verzehrt bist.

Vielleicht hat Gott zu dir geredet über das, was er für dein Leben vorhat, und doch bist du immer noch nur knietief im Wasser, wenn überhaupt. Du wirst nie in die Fülle deiner Bestimmung hineinkommen, bis du Gott erlaubst, dich hineinzuziehen und unterzutauchen. Du musst erst sterben! Dann wirst du erleben, wie Gottes Absicht für dein Leben wahr wird. Er wird dich auferwecken, du brauchst dich also nicht zu fürchten. Liefere dich ihm nur völlig aus.

Wie tief willst du in ihn gehen? Wate hinaus in die Wasser seiner Gegenwart, und was auch immer du tust, bleib nicht stehen, bis du vollkommen eingetaucht bist in seiner Liebe, Barmherzigkeit und Gnade.

Fotos zu Heidis Blogeintrag

1. Winter mit Rekordkälte in einer bulgarischen Zigeunergegend mit Georgian und Winnie Banov

2. Georgian und seine Violine mit bulgarischen Zigeunern in leidenschaftlicher, einträchtiger Feier

3. Zigeuner am Altar mit Heidi in einer eiskalten Halle

4. Hingegebene Anbetung von Zigeunern

Kapitel 10

Afrikanische Diamanten entstehen

April bis Mai 2006

Heidis Blogeintrag
17. Mai 2006, 19.55 Uhr

Ein Sonntag in Pemba ...

Sonntag war ein wunderschöner Tag. Singende und tanzende Makua- und Macondie-Freunde und viele Besucher aus der ganzen Welt füllten die Kirche. Ich predigte über Markus 16,15-18:

> Und er sprach zu ihnen: Geht hin in die ganze Welt und predigt das Evangelium der ganzen Schöpfung! Wer gläubig geworden und getauft worden ist, wird errettet werden; wer aber ungläubig ist, wird verdammt werden. Diese Zeichen aber werden denen folgen, die glauben: In meinem Namen werden sie Dämonen austreiben; sie werden in neuen Sprachen reden, werden Schlangen aufheben, und wenn sie etwas Tödliches trinken, wird es ihnen nicht schaden; Schwachen werden sie die Hände auflegen, und sie werden sich wohl befinden.

In Mosambik erleben wir, dass uns Jesus, der König, vor starkem Widerstand beschützt, wie er in diesem Textabschnitt verheißt. Während des Gottesdienstes gaben mehrere Leute ihr Zeugnis. Eine Frau war voller Dämonen gewesen, und der Medizinmann hatte ihr aufgetragen, ihre Familie aufzuessen! Sie litt an einer schweren Krankheit und konnte nicht schlafen. Immer wieder schnitt sie sich in den Arm und trank ihr eigenes Blut. Als sie zum Gottesdienst kam, umarmte ich sie und betete, dass sie die Liebe Jesu erfahren möge. Dann besuchte sie einer unserer Pastoren und verbrannte alle ihre Zauberfetische, und danach war sie praktisch augenblicklich befreit und erfüllt von dem Frieden Jesu. Heute Morgen strahlte sie vor Liebe, und statt ihre Familienmitglieder aufzuessen, hatte sie nun in ihnen Freunde gewonnen!

Die nächste Frau trug eine noch erstaunlichere Geschichte bei, die bezeugte, dass Gottes Gnade und Macht uns alle beschützt. Zehn Jahre lang war sie schwer an akutem Asthma erkrankt gewesen. Ihr Mann bezichtigte sie der Prostitution und wollte sich von ihr scheiden lassen. Kürzlich kam sie in unsere Gemeinde in Pemba, dämonisiert wie nur irgend. Durch Gebet und eine Umarmung voll der Liebe Jesu wurde sie augenblicklich von Asthma geheilt und freigesetzt. Ihr Mann staunte über die Veränderung in ihr, dennoch trank er weiterhin und verfiel auch immer wieder in Wutausbrüche. Eines Tages hatte er einen dämonisch bedingten Anfall und starb. Nachdem im Krankenhaus offiziell sein Tod festgestellt worden war, begann seine Frau, in Jesu Namen zu beten. Nach etwas mehr als einer Stunde wurde er von den Toten auferweckt – und kam direkt zur Kirche, um Jesus in sein Herz zu bitten! Gleichzeitig wurde er von den Dämonen befreit, die ihn schon jahrelang gequält hatten. Heute Morgen verkündete er, übers ganze Gesicht strahlend, dass er seit jenem Tag keinen Alkohol mehr angerührt hatte.

Direkt nach meiner Predigt über den Bibeltext gingen wir über die Straße und tauften Neubekehrte und viele unserer neuen Kinder. Welche Freude, das Sonnenlicht auf ihren leuchtenden Gesichtern zu sehen! Bei der Taufe im türkisfarbenen Wasser wurden sie mit der Gegenwart des herrlichen Lammes Gottes erfüllt, das geschlachtet ist. Der Gottesdienst dauerte bis drei am Nachmittag! Welch ein wunderbarer Sonntag in Pemba! Hier bin ich in meinem Element.

Danke für eure Liebe, danke, dass ihr die Armen nicht vergesst.

Herzliche Grüße in Jesus
Heidi

Antworten auf Blogeinträge

Lex W.: 28. Mai 2006, 22.44 Uhr

Ich bete, dass der Tag kommt, an dem solche Wunder-Demonstrationen der Macht Jesu allen Gläubigen auf der ganzen Welt folgen. Schließlich sind wir berufen, so zu wirken!

Update von Rolland und Heidi Baker

News-Archiv: 29. Mai 2006

Es herrscht Ebbe; sanft kräuselt sich unter mir der funkelnde Saum des Indischen Ozeans auf dem felsdurchsetzten Sandstrand von Pemba. In der hellen Mittagssonne leuchtet das tropische Gewässer grün, türkisfarben und blau, die Wasseroberfläche schillert und blinkt, hell blitzen die Lichtreflexe. In das beruhigende Rauschen der Brandung mischt sich das Rascheln der Schattenbäume, die sich über unseren Hof und das einfache, etwas merkwürdige Haus wölben. Von meinem Tisch auf unserem Dach unter ein wenig afrikanischem Stroh blicke ich über Gras und Blumen auf dieses weite Panorama, auf das klare, warme, stets bewegte Wasser, die Küste Mosambiks – einen der letzten Schätze unberührter Natur auf der Welt.

Ich richte meine Augen auf die Herrlichkeit des Schöpfers, der alles gut macht. Seine Kunstfertigkeit ist unerreicht, in der Natur und in uns. Er weiß, wie er sich verherrlicht und seine Ehre und seinen Ruf schützt in dieser Welt. Sein Wille ist großartig, freudevoll und über jede Verbesserung erhaben. In seinem Reich sind Gerechtigkeit und Vollkommenheit zu Hause. Seine Absichten werden auf der Erde erfüllt werden. Er ist begeistert über das Vorankommen seiner Gemeinde und über das Ziel, auf das sie zugeht. Schmutz, Spreu und immer noch herrschende Sünde dieser Welt zieht ihn nicht herunter. Er ist nicht entmutigt und verzweifelt. Er hofft nicht einfach nur auf unsere Besserung, sondern er ist mit Macht in uns am Werk, und er wird erfolgreich sein!

Unser Feind nutzt jede Möglichkeit, uns von dem Gegenteil zu überzeugen. Wir wollen ihn weniger beachten und Jesus, unseren Erlöser, mehr. Wir konzentrieren uns nicht auf die Schwächen in uns und die Gefahr durch dunkle Mächte überall um uns, sondern auf sein Angesicht. Das Betrachten seiner Schönheit hält uns. Wir vertrauen auf sein Kreuz.

Was er getan hat, reicht aus. Sein Evangelium ist all-genügend. Wir werden für immer ganz in den Fluss eintauchen, der von seinem Thron fließt. Wir sind mehr als Eroberer durch ihn, der uns liebt!

Wir wählen seine Perspektive. Aus anderer Perspektive sind Heidi und ich und unser ganzer Dienst in den vergangenen vier Monaten seit unserem letzten Rundbrief schonungslosen Angriffen ausgesetzt gewesen. Wir sind erschöpft, überwältigt und erschlagen von Nöten, Krisen, Korruption, Enttäuschung und dem verzweifelten Schrei nach Hilfe, der ständig von den Armen der Welt ausgeht. Und wir können den Bitten um geistliche Hilfe nicht nachkommen, die uns aus aller Welt angetragen werden.

Aber seine Barmherzigkeit versagt nie; die Güte des Herrn ist alle Morgen neu. Wir sind nie entmutigt, denn „wir haben aber diesen Schatz in irdenen Gefäßen, damit das Übermaß der Kraft von Gott sei und nicht aus uns. In allem sind wir bedrängt, aber nicht erdrückt; keinen Ausweg sehend, aber nicht ohne Ausweg; verfolgt, aber nicht verlassen; niedergeworfen, aber nicht vernichtet; allezeit das Sterben Jesu am Leib umhertragend, damit auch das Leben Jesu an unserem Leibe offenbar werde“ (2. Korinther 4,7-10).

Hier in Afrika unter den Ärmsten der Armen sehen wir Erweckung, die gespeist und gehalten wird von der Kraft Gottes, trotz aller unserer Schwächen. Beobachter reagieren ganz unterschiedlich, und es gibt immer viel zu kritisieren, aber im Kern dieser Bewegung steht das glühende, vollkommene Ausgeliefertsein an Jesus und sein Reich. Wir werden uns in der Einfachheit und Reinheit der Hingabe an ihn nicht beirren lassen. Wir kommen voran. Unsere Waffen sind ein fester Glaube, Freundlichkeit, Frieden, Geduld und eine unwiderstehliche Liebe. In ihm können wir nicht verlieren!

Seit Januar haben Heidi und ich uns das Herz aus dem Leib gepredigt. Gemeinsam oder einzeln waren wir in Kanada, Australien, Osteuropa, Taiwan, an Amerikas Ost- und Westküste, in Korea, Brasilien, England und im Sudan. Jetzt ist Heidi Richtung Frankreich unterwegs, und ich fliege nach Singapur. Aber was wir predigen, wird auf eine äußerst harte Probe gestellt und geläutert in den Feuern der Armut und des Leidens in Afrika. Wir steigen hinab in die Finsternis und erkennen, dass Jesus dort ist, in Herrlichkeit und Macht, und dass er ein vollkommener Erlöser ist für jeden, der ihn will. Durch die Niedrigen und Armen in Afrika ruft er die Reichen und Mächtigen zu sich und gewinnt Herzen auf der ganzen Welt auf seine einzigartige Weise.

Obwohl wir ein Drittel des Jahres außerhalb von Afrika auf Reisen sind und in vielen Ländern Afrikas dienen, konzentrieren wir uns weiter auf Pemba und die nördliche Provinz Cabo Delgado in Mosambik. Nächste Woche startet dort unsere zweite *Holy Given*-Missionsschule. Studenten aus zwölf Nationen werden kommen, um Mission auf dem Missionsfeld zu lernen, indem sie zehn Wochen lang täglich hören, studieren, anbeten, vom Heiligen Geist überwältigt werden, helfen und unter den Armen dienen. Unsere Station in Pemba ist zu einem riesigen Aktivitäten-Knotenpunkt geworden; hier sorgen wir für Hunderte Kinder, betreiben eine kostenlose Grundschule für die Kinder am Ort, bilden in unserer Bibelschule Pastoren aus und starten Einsätze in die ganze Provinz, in der innerhalb von drei Jahren über dreihundert Gemeinden gegründet worden sind. Die „unerreichbare" Makua-Volksgruppe um uns herum kommt zu Jesus, Dorf für Dorf, Abend für Abend.

Der Heilige Geist wirkt auf seine Art weiter unter uns … Da entlegene Dörfer das ganze letzte Jahr über Woche für Woche das Evangelium angenommen haben, wurden die Versammlungen im großen Zelt in unserem Zentrum in Pemba mehr und mehr mit der Herrlichkeit des Herrn erfüllt. Wir schreien und tanzen leidenschaftlich, wie nur Afrikaner es können, und wirbeln im Schmutz und in der Hitze mit stampfenden Füßen riesige Staubwolken auf. Pastoren, Missionare, Kinder und Besucher – alle gemeinsam verlieren sich in leidenschaftlichem, feurigem Feiern. Aber dann legt sich der Staub und wir werden alle still. Der Heilige Geist bringt unser Herz in vollkommenem Frieden zur Ruhe, und wir kommen in tiefe, mächtige Anbetung. Dann geschieht etwas Wunderbares – die Kinder fangen an zu leiten. Sie sammeln sich und singen ihrem Erlöser, und ihre sanften, klaren und zarten Stimmen vereinen sich in heiliger Harmonie, dass es einem heiß und kalt den Rücken herunterläuft. Der Heilige Geist ist gekommen, um unter uns zu bleiben und hier Wohnung zu machen.

Zu solchen Zeiten hat Gott einigen unserer Pastoren und Kinder himmlische Heimsuchungen und Visionen geschenkt. Eines Freitags während der Andacht betete unser zwölfjähriger Crispen den Herrn an. Plötzlich hatte er eine deutliche Vision von etwas sehr Dunklem, das aus seinem Herzen herausflog. Dann sah er, wie ein leuchtend weißes Licht in sein Herz kam und explodierte. Darauf hörte er eine Stimme sagen: „Wir sind mehr als Überwinder!" Er kam zu Heidi und fragte, ob sie wüsste, was das bedeutete. Er war hingerissen vom Heiligen Geist.

Und eines Montagmorgens während der Anbetung hatte einer unserer Pastorenstudenten, Fernando, eine erstaunliche Vision. Er sah, wie ihn die mächtige Hand Gottes aufhob und in einen Friedhof inmitten von trockenen Knochen setzte. Der Herr sagte ihm, er solle den Knochen predigen, dass sie neues Leben in Jesus Christus hätten. Er fürchtete sich sehr, aber Gott sagte ihm, er solle keine Angst haben, weil er bei ihm sei. So predigte er in seiner Vision den Knochen, und sie wurden zu lebendigen Menschen …

Von den eiskalten Hütten der Zigeuner Ostbulgariens zu den 46 Grad heißen Flüchtlingslagern im Sudan, von den isolierten Inuits im arktischen Kanada bis zu den bitterarmen Bauern an den Ufern des Sambesi sehen wir unter den Armen und Niedrigen ein verzehrendes Verlangen nach Gott. Mit aller Kraft werden wir denen predigen, die zuhören, denen, die empfangen, denen, die wissen, dass sie ihn brauchen. Jesus kennt ihr Leiden, und er wird es ihnen vergelten. Er will ihr Gott sein, und sie sollen sein Volk sein. Er will sie benutzen, um die Weisen zu beschämen und die Welt eifersüchtig zu machen auf ihren Reichtum in ihm.

Es ist ein unbezahlbares Vorrecht, die Freude und Zärtlichkeit des Heiligen Geistes zu sehen, wie sie Menschen wie ein Wasserfall überströmt, die so viel Härte miterlebt haben, so viel Enttäuschung und bittere Einsamkeit. Jesus ist der vollkommene Erlöser, und es ist wunderbar zu beobachten, wie er wirkt, wo er entscheidet, sich zu offenbaren, und auf wen der Heilige Geist zu ruhen kommt. Wir flehen, dass wir im Zentrum seiner Aktivitäten in dieser Welt sind und nichts verpassen. Wir werden überallhin gehen und alles tun, wenn wir nur an seinem übernatürlichen, atemberaubenden, unwiderstehlichen Wirken teilhaben können.

Dabei werden wir immer wieder mit dem Schlimmsten konfrontiert, was Satan vermag. Unsere Feinde in Pemba versuchen unsere Ausweisung zu veranlassen. Öffentlich verunglimpfen sie unsere Motive und drohen mit Gerichtsverfahren und Gefängnis. Sie erheben falsche Anschuldigungen, fordern Wiedergutmachung für kriminelle Delikte, die wir nicht begangen haben, drohen unsere Mitarbeiter umzubringen, verschleudern und stehlen unser Geld und schlagen wild um sich, wie es ihnen in den Sinn kommt. Den Armen zu dienen beinhaltet viel, viel mehr, als Essen und Kleidung zu besorgen. Es bedeutet viel mehr, als Körper zu heilen und materielles Wohlergehen zu ermöglichen. Das Reich Gottes zu bringen bedeutet, übernatürlich die eine, grundlegende Eigenschaft von Erweckung zu entzünden: Hunger und Durst nach Gerechtigkeit. Das Reich Gottes zu bringen ist wie ein donnernder Wasserfall von Gnade und Barmherzigkeit, der mit erfrischender Reinheit den harten Fels des Bösen durchbricht, wie ein feuchter Nebel in der sanften Brise Jesu. Tief im Erdreich verborgen hat Afrika reiche Diamantenvorkommen. Gott nun verwandelt die Notleidenden Afrikas für alle Welt sichtbar, einen nach dem anderen, geistlich in funkelnde Diamanten, vollkommen und wunderbar.

Für dieses Ziel werden wir sterben. Für dieses Ziel, um seinetwillen, werden wir unser Leben lassen. Für dieses Ziel werden wir alles aufgeben, unser Kreuz nehmen und ihm nachfolgen. Wir sind gepackt und getrieben von dem, was Gottes eigenes Herz bewegt. Er übersieht keine Träne. Er erstattet uns alles zurück. Und wir werden an seinem Leben und seiner Herrlichkeit Anteil haben.

Betet immer für uns, dass wir hier in Afrika nicht verzagen und scheitern. Schließt euch unserer Arbeit an, wenn Gott euch dazu begabt und stärkt. Unsere Verbundenheit in ihm bringe viel und bleibende Frucht hervor! Gerechtigkeit, Frieden und Freude beherrsche unser Leben. Mögen seine Zeichen und Wunder unsere Botschaft bestätigen und uns überallhin folgen. Jesus selbst sei mit euch für eure großartige, treue Unterstützung all die Monate. Wir wünschen, dass ihr versteht, um was ihr mit uns zusammen kämpft, und dass wir gemeinsam in die Freude unseres Meisters eingehen.

Herzliche Grüße in Jesus
Rolland und Heidi

Rollands Blogeintrag

31. Mai 2006, 18.17 Uhr

Situation von Iris *in Pemba*

Ich nehme gerade an einer Konferenz in der Provinz Gaza in Südmosambik teil, und Heidi ist in Pemba. Gerade rief sie mich an wegen einer für *Iris* sehr ernsten Situation, die sich plötzlich heute in Pemba ergeben hat.

Ihr könnt euch sicher vorstellen, dass moslemische Führer und die eher marxistisch und ausländerfeindlich eingestellten Elemente hier in Mosambik sehr beunruhigt sind über unser Wachstum und unseren Einfluss in diesem Land. Solche führenden Persönlichkeiten in Pemba zeigen sich empört über *Iris*, da sie nicht einmal verhindern können, dass ihre eigenen Kinder zur Gemeinde kommen und mit dem Geist erfüllt werden.

Vielleicht erinnert ihr euch, dass wir 1997 von Marxisten aus unserem Zentrum ausgewiesen wurden und man uns alles nahm. Etwas Ähnliches wird jetzt in Pemba versucht.

Heute erschien ein Leitartikel auf der ersten Seite der Pembaer Lokalzeitung, anscheinend von Leuten initiiert, die uns unbedingt aus Mosambik ausgewiesen sehen wollen. Mit der deutlich erkennbaren Absicht, dass die ganze Stadt es lesen sollte, wurde unter anderem berichtet, wir nutzten die nordamerikanische Religion, um die Regierung zu stürzen; wir seien gegen die Frelimo-Partei (die derzeit an der Macht ist); alle unsere Kontakte mit führenden Persönlichkeiten sollten dazu dienen, die Partei zu unterminieren; wir seien gegen Schwarze und gegen Afrika usw. usw.

Heidi bemüht sich nun schon zehn Jahre lang, mit Herz und Seele mosambikanisch zu werden, und sie hat ein Dauervisum für Mosambik. Alles, was sie tut, tut sie für „ihr" Land, Mosambik. Aber dieser Artikel stellt sie als Betrügerin und Verräterin hin. Sie fühlt sich sehr angegriffen und ist am Boden zerstört. Die Bedrohung ist ganz real. Letztes Jahr hätte die Regierung fast unser Zentrum mit allen Gebäuden auf unsere Kosten abreißen lassen.

Wir werden uns mit dem Herausgeber der Zeitung treffen und zusammen mit einem mosambikanischen Rechtsanwalt eine Antwort verfassen. Bis dahin bitten wir euch, unsere Freunde, dass ihr in euren jeweiligen Netzwerken für uns betet. Das ist wieder eine sehr kritische Situation. …

In Jesus bleiben wir dran.
Herzliche Grüße

Rolland und Heidi

Antworten auf Blogeinträge

Tom G.: 2. Juni 2006, 12.59 Uhr

Habe das soeben ins Deutsche übersetzt und in meinen Blog gestellt. Deutsche Leser meines Blogs werden mit euch im Sieg Jesu dagegen aufstehen.

Carol DL.: 2. Juni 2006, 8.24 Uhr

Wir glauben, dass unser Herr vollendet, was er begonnen hat. Preis sei Gott, dass wir euch in dieser Sache beistehen können. Rund um den Erdball steigen Gebete auf. Wir ehren Gott für alles, was er tun wird, in Jesu Namen.

Heather N.: 2. Juni 2006, 20.11 Uhr

Ich bete, dass der Herr „ein Ring aus Feuer um euch und die Herrlichkeit mitten unter euch“ sei! Der Vater gebe euch seine Schlüssel zur Regierung in Mosambik, und sein Licht und seine Wahrheit breche inmitten der Finsternis hervor.

Blog Update

[Teisa Miller, *Iris*-Missionarin]

26. April 2006, 8.20 Uhr

Welch ein Segen ist es, die Liebe Jesu Christi zu kennen und weiterzugeben! Diesen Monat möchte ich von einer weiteren Liebeslektion „von oben“ erzählen.

Am selben Tag, als ich meine rührselige Valentinstag-E-Mail an alle verschickte, liefen ein schwangeres junges Mädchen und ihre Mutter Gefahr, aus dem örtliche Krankenhaus ausgewiesen zu werden. Das junge Mädchen war seit Monaten sehr schwer krank gewesen, und jetzt stand die Geburt bevor. Die Krankenhausmitarbeiter erwogen, ihr jede Geburtshilfe zu verweigern, weil sie kein Geld hatte und höchstwahrscheinlich sterben würde. Dr. Carlos (ein kubanischer Arzt und ehrenamtlicher Mitarbeiter bei *Iris*) bot an, das Baby per Kaiserschnitt zur Welt zu bringen, als er von der Situation erfuhr. Ein kostbares kleines Mädchen von vier Pfund wurde geboren.

Am Tag darauf starb die Mutter des Babys an einer inneren Entzündung im Krankenhaus. Als Dr. Carlos der Großmutter von *Iris* erzählte, wickelte sie das winzige, einen Tag alte Baby in ihren *capalona* (den mosambikanischen Rock) und wanderte zu unserem Zentrum. Dafür muss sie in der heißen afrikanischen Sonne vier Stunden gebraucht haben.

Die Großmutter erklärte unseren Mitarbeitern, dass auch sie krank sei und nicht für das Baby sorgen könne. Diese liebe alte Oma versicherte, sie habe keine Milch mehr, und zeigte zum Beweis immer wieder ihre welke Brust vor. Innerhalb von zwanzig Minuten waren die Papiere unterschrieben, die Großmutter verabschiedete sich und wir nahmen einen weiteren wunderbaren Schatz in unsere Familie auf. Unsere Mitarbeiter brachten das Baby in Heidis Büro. Nachdem sie für es gebetet hatte, nannte Heidi das kleine Mädchen „Maria Esperanca“ [*esperanca* ist das portugiesische Wort für Hoffnung].

Viele von uns machten sich ständig Gedanken um Maria: Wo sollte sie in der Nacht schlafen, wer durfte sie baden, wer durfte sie am Tag betreuen usw. Die leitende Missionarin bei den Babys, Em, hatte sie in den meisten Nächten bei sich, aber als Ems Zimmernachbarin eine Erkältung bekam, entschieden wir, dass Maria eine Woche bei mir bleiben sollte. Wow! Ich kann nicht beschreiben, wie wunderschön es war, Maria zu lieben und zu versorgen. Im Physischen benutzte Gott sie, um mir Schönheit und Opfer von Mutterschaft zu offenbaren. Im Geistlichen benutzte Gott Maria, um mir die Wunder seiner Liebe, seiner grenzenlosen Liebe zu offenbaren, in der wir „leben, weben und sind“. Auf wunderbare Weise sind wir erwählt, seine Hände zu sein, seine Stimme, sein Herz für eine verlorene und sterbende Welt. Maria machte mir diese Berufung zum Lieben so klar und fassbar.

Und dann wurde Maria krank. Wir legten ihr die Hände auf und beteten. Später am Abend brachten wir sie ins örtliche Krankenhaus.

Am nächsten Tag schien sich ihr Zustand etwas zu bessern, aber das Krankenhaus ließ niemanden zu ihr, denn sie war im Isolierzimmer unter dem Sauerstoffzelt. Wir gingen aber trotzdem zu ihr und liebten sie durch das Fenster hindurch und beteten im Flur für sie.

Am nächsten Tag nahm Jesus unsere kostbare Maria in den Himmel. Manela, die Erzieherin, war im Krankenhaus, als sie starb. Sie kam zum Zentrum zurück und holte Em aus der Hausgruppe. Dann kamen auch Rabia und eine andere Missionarin dazu. Als ich sah, wie sie Em und Manela trösteten, wusste ich Bescheid. Jemand gab bekannt, was geschehen war. Wir weinten und beteten zusammen als Familie.

Am nächsten Tag verweigerte uns das Krankenhaus die Herausgabe des toten Körpers. Hier gibt es ein furchtbares Gesetz, dass Babys nicht als Bürger angesehen werden, bis sie ein Jahr alt sind. In Mosambik, wo der Tod so tragisch normal ist (eins von fünf Kindern stirbt innerhalb seiner ersten zwölf Lebensmonate), werden Babys in täglich ausgehobenen Massengräbern beerdigt. Dennoch trafen wir uns für eine kurze Gebetsandacht an dem Tag, an dem sie einen Monat alt geworden wäre.

Als ich im Januar 2005 hierherkam, hatten wir 80 Kinder. Jetzt sind es 172, und wir wachsen immer weiter. Eineinhalb Jahre lang verloren wir nicht ein einziges Kind durch Krankheit oder Unfall – bis auf Maria. Ein paar Tage lang war mein Frieden dahin. Ich konnte nicht verstehen, warum Gott uns Maria gegeben hatte, nur um sie uns so bald wieder zu nehmen. Schmerzlich ehrlich drückte ich vor Gott meine Verwirrung, meine Fragen und Zweifel aus, weniger mit Worten als mit Tränen.

> Mein Elend ist aufgezeichnet bei dir. Sammle meine Tränen in einem Krug, zeichne sie auf in deinem Buch!
> Dann weichen die Feinde zurück an dem Tag, da ich rufe. Ich habe erkannt: Mir steht Gott zur Seite.
> Ich preise Gottes Wort, ich preise das Wort des Herrn.
> Ich vertraue auf Gott ...
>
> Psalm 56,9-12 (Einheitsübersetzung)

> Vertraue auf den Herrn mit deinem ganzen Herzen und stütze dich nicht auf deinen Verstand!
> Auf all deinen Wegen erkenne nur ihn, dann ebnet er selbst deine Pfade!
>
> Sprüche 3,5-6

Da dachte ich nach, um dies zu begreifen. Eine Mühe war es in meinen Augen,
bis ich hineinging in das Heiligtum Gottes. Bedenken will ich dort ihr Ende.

Psalm 73,16-17

Wenn die Herausforderungen, die Härten und Tragödien des Lebens kommen (und das werden sie), wohin wenden wir uns? An unsre eigene Logik? An das, was wir für das Beste halten? Oder wenden wir uns an Jesus? Nur unter dem Schutz seiner Gegenwart können wir wahren Frieden, Heilung und Stärkung für dieses Leben finden. Jesus kennt uns und kümmert sich um uns. Vertrauen wir ihm? Vielleicht eine seiner großartigsten (und schwersten) Liebeslektionen ist, Psalm 56,12 zu leben: „Ich vertraue auf Gott."

Ihn zu lieben in hingebungsvoller Abhängigkeit! Vertrauen wir in der Krise allein auf Gott? Darin können wir so viel von unserer mosambikanischen Familie lernen. Die meisten Westler behalten sich immer noch einen Plan B vor. Wir haben so viele Quellen, die wir auf der Suche nach Hilfe anzapfen können: Geld, Krankenversicherung, gute medizinische Versorgung/Krankenhäuser/Medizin, Ruhestandsregelungen, Kreditkarten usw. … Diese Dinge sind nicht böse und nicht unbedingt falsch – Gott kann sie zu seiner Ehre nutzen und tut das auch –, wenn wir aber auf Geld oder Medizin mehr vertrauen als auf Gott, dann machen wir diese Dinge zu unserem Erlöser. Etwas Mächtiges geschieht, wenn wir uns weigern, auf alternative Problemlösungen zu vertrauen, wenn wir auf Jesus sehen und sagen: „Nein! Ich verlasse mich nicht auf Geld oder Medizin! Du allein, Gott, bist mein Retter!"

Der Durchschnittsmosambikaner hat normalerweise keinen Zugang zu Medizin oder guter Gesundheitsversorgung. Wenn jemand krank wird, fasten und beten die Gläubigen inbrünstig, weil sie wissen, dass Jesus die einzige Quelle für Hoffnung und Rettung ist. Und ratet, was passiert? Viele Menschen werden geheilt. Nicht alle sofort, und manche werden gar nicht geheilt. Aber wenn sich die Gläubigen immer wieder an Jesus wenden mit einem von ihm abhängigen Herzen voller Erwartung, dann kommt das Himmelreich zur Erde!

Nur auf Gott vertraue still meine Seele,
denn von ihm kommt meine Hoffnung.
Nur er ist mein Fels und meine Hilfe,
meine Festung;
ich werde nicht wanken.
Auf Gott ruht mein Heil und meine Ehre;
der Fels meines Schutzes,
meine Zuflucht ist in Gott.
Vertraut auf ihn allezeit, ihr von Gottes Volk!
Schüttet euer Herz vor ihm aus!
Gott ist unsere Zuflucht.

Psalm 62,6-9

Ein Zeugnis ... *Manuel*

Wir haben einen neuen Jungen namens Manuel (vier Jahre alt, aber er sieht aus und verhält sich, als wäre er zwei). Alles in allem gewöhnt er sich gut ein. Seine Mutter starb vor ein paar Wochen, und sein Vater trennte sich von seinen Söhnen, er überließ sie einem entfernten Cousin. Eine Woche lang erlebten sie nur Missbrauch und Vernachlässigung. Dann erzählte ein *Iris*-Pastor dort dem Onkel von unserem Zentrum. Am nächsten Tag waren Manuel und sein Bruder bei uns. Zuerst hatte Manuel diesen typischen, leeren Blick – wir nennen das Phänomen „Geist der Waisen". Aber nach ein paar Tagen lächelte und spielte er. Jesus hat ihn mit einer riesigen, liebevollen Familie versorgt. Ich liebe es, diese Veränderung zu beobachten. Langsam versteht Manuel, dass er immer genug zu essen haben wird. Es gibt frisches, sauberes Trinkwasser, neue Kleider, die ihm nicht weggenommen werden, neue Freunde, die ihm beim Spielen Jesuslieder beibringen, und so eine komische weiße Frau, die ihn immer in den Arm nehmen, küssen und knuddeln will!

Gebetsanliegen

Erweckung

Betet für unsere Gemeinde in Pemba – wir sind sehr begeistert über die himmlischen Visionen und Errettungen, die wir geschehen sehen, wissen aber auch, dass es mehr gibt! Bitte betet für einen größeren Hunger und stärkere Sehnsucht nach Jesus. Bitte betet auch für die Evangelisationsteams. Jede Woche gehen Teams von unserem Zentrum aus, um in den unerreichten Makua-Dörfern das Evangelium zu predigen. Diesen Monat haben wir ein Team auf eine Tour durch Nordmosambik ausgesandt; sie predigen und ermutigen die örtlichen Gemeinden. Wir hörten wunderbare Zeugnisse über Gottes Wirken im Busch.

Sicherheit

Rund um unsere Station nimmt die Gewalt zu. Letzten Monat wurde eine unserer Missionarinnen mit einem Messer am Arm verletzt, als jemand den Riemen ihrer Tasche durchschlitzte, während sie und eine Kollegin von einem unserer Zentren zum anderen gingen. Einige Tage später wurde eine andere junge Frau angegriffen, die zu einem örtlichen Hotel gehört. Letzte Woche versuchte jemand, einem jungen YWAMer Gitarre und Kamera zu stehlen, während er in einer großen Gruppe zu Fuß unterwegs war (das war bislang immer sicher gewesen). Die Gitarre bekamen wir zurück, aber einige Dorfbewohner begannen den Dieb erbarmungslos zusammenzuschlagen. Das YWAM-Team fürchtete, sie würden ihn umbringen. Es war eine scheußliche Szene. Zu seinem eigenen Schutz brachten wir den Dieb zur Polizei, doch auch die Polizei prügelt manchmal. Auch diese Situation mahnt grausam an die verheerenden Auswirkungen der Sünde in Afrika.

Malaria

Nach fünfzehn Monaten bei guter Gesundheit erlebte ich das Elend der Malaria. Ich war nicht die Einzige. Im vergangenen Monat erkrankten mehr als ein Fünftel unserer Missionare, ein Sechstel unserer Kinder und ein Zehntel unserer Pastoren an Malaria. Eine Missionarin war gefährlich nah daran, nach Südafrika evakuiert werden zu müssen, so hielten wir die ganze Nacht lang eine Gebetswache über ihr. Abwechselnd beteten wir ein paar Stunden lang über ihr im Geist. Am nächsten Morgen konnte sich Ashlee im Bett aufsetzen und essen (zum ersten Mal seit drei Tagen). Ehre sei Gott! Bitte betet für eine „malariafreie Zone“ über den Christen in Pemba.

Jeder Tag in Mosambik ist ein Geschenk von Gott. Gottes Herz und Erweckung können nicht aufgehalten werden, und sie sollten auch nicht ausgebremst oder geleugnet werden! Wir gehen voran und streben himmelan.

Seine, und deshalb eure
Teisa und die Pemba-Familie

Lebensprinzipien: Immer tiefer

Als Hesekiel vom Engel des Herrn immer tiefer in den Strom Gottes gezogen wurde, ging ihm das Wasser schließlich bis zum Rumpf und wurde zu einem Strom, den er nicht überqueren konnte. Das Wasser war tief genug, dass man darin schwimmen konnte. Hesekiel hatte den Punkt erreicht, wo er ganz *untergetaucht* war. An diesen Punkt zu kommen ist mein ständiges Bestreben. Ich bete, dass auch in dir sich ein heiliger Hunger bildet, so dass du dich nach einem Leben ausstreckst, in dem du ganz untergetaucht bist und dein Wille seinem Willen, dein Geist seinem Geist hundertprozentig untergeordnet ist. An dieser Stelle geschehen dann Wunder.

Je mehr du dich in Gott eintauchst, desto weniger fesselt dich das „normale" Leben. Die Umstände richten sich gegen dich, aber du bleibst unbewegt. Wenn du tief in Gottes Strom bist, drängen dich die unausbleiblichen Tragödien des Lebens sogar nur tiefer in ihn.

Vor mehreren Jahren erlebten wir in Mosambik eine schreckliche Tragödie, die zum Wendepunkt unseres Dienstes wurde. Alles um uns brach zusammen. Rolland erkrankte an zerebraler Malaria (dem „Wechselfieber"), und bei mir wurde Multiple Sklerose festgestellt. Auch unsere Tochter erkrankte an Malaria. Und zur selben Zeit enteigneten die Marxisten alle unsere Dienstgebäude, und wir wurden auf die Straße gesetzt – unsere vierköpfige Familie und all die Kinder, um die wir uns kümmerten.

Ich war erschöpft, und ich war wütend! Ich hörte den Engel des Herrn, der mich tiefer in Gottes Gegenwart holen wollte, aber gleichzeitig war ich auch sehr verletzt – das Leben war praktisch unerträglich. Wir hatten überhaupt keine Möglichkeit, auf die Umstände Einfluss zu nehmen, und damals kümmerten wir uns um 320 heimatlose Kinder, die wir an Straßenecken, unter Brücken und auf der Müllkippe aufgelesen hatten. Sie alle nannten uns „Mama" und „Papa" und waren vollkommen von uns abhängig.

Wir zogen uns zu dem allerletzten Gebäude zurück, das uns noch geblieben war – unser winziges Büro über dreißig Kilometer von der ehemaligen Station entfernt. Es gab eine Toilette für alle, keinen Ort zum Schlafen und kein Essen. Ich war wütend auf Gott! Ich betete: „Gott, du bist gemein! Warum hast du das zugelassen?" Ich konnte nicht verstehen, warum er den Marxisten erlaubte, unser Gebäude zu nehmen und uns obdachlos zu machen. Ich kapierte es einfach nicht.

Aber wenn die ganze Hölle auf dich losgeht, dann hast du die Wahl. Du kannst entweder tiefer in den Fluss der Gegenwart Gottes gehen, oder du kannst dich vom Wasser zurückziehen und versuchen herauszufinden, was sich in eigener Kraft machen lässt. Lange Zeit bewegte ich mich in der Grauzone zwischen diesen beiden Standpunkten, aber der Geist Gottes rief mich immer tiefer in seine Gegenwart.

Ich kann nicht sagen, dass ich damals voller Glauben war – das war ich nicht. Ich brauchte unbedingt ein Wunder. Und in seiner Gnade wirkte Gott später an dem Tag ein Wunder, indem er das Essen, das eine Freundin vorbeibrachte, übernatürlich vermehrte. (Am Ende des Buchs wird dieses Erlebnis erzählt, in dem Kapitel „Über *Iris Ministries*"). An dem Tag ging ich ein bisschen tiefer in den Fluss hinein. Tatsächlich wagte ich einen Sprung, denn ich hatte mit eigenen Augen gesehen, wie Gott ein großartiges Wunder wirkte.

Je tiefer man sich in den Fluss der Herrlichkeit Gottes begibt, desto mehr wird man entdecken, wie *gut* er in Wirklichkeit ist. Es zeigt sich, dass er viel, viel schöner ist, als man sich nur vorstellen kann. Mach dir keine Sorgen, wenn du heute das Gefühl hast, du bist deiner Situation nicht gewachsen. Etwas Frisches und Starkes kann durch dein Leben fließen, wenn du dir selber erlaubst, im Fluss Gottes unterzutauchen. Übergib dich ihm und lass den Fluss fließen! Geh noch tiefer hinein.

„Ein Sonntag in Pemba“

1. Ein Mann, von den Toten auferweckt und von Dämonen und Alkoholismus befreit

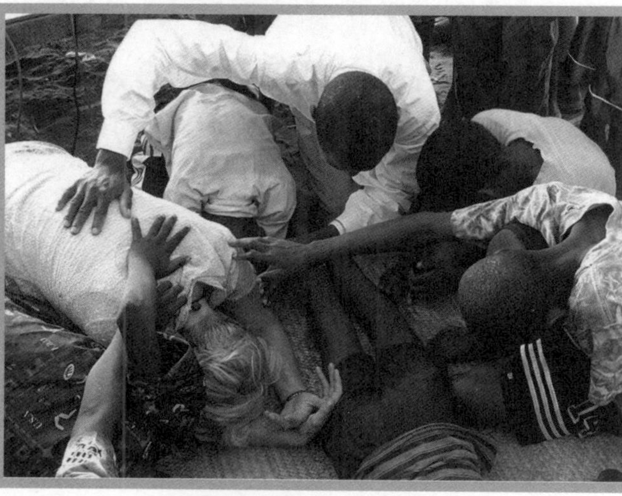

2. Kinder beten für Heidi, bevor sie predigt

3. Unsere Hunderte Kinder in Pemba versammeln sich, um das Wort zu hören

4. Noch mehr ehemalige Moslems werden im Indischen Ozean getauft

Foto zum Update von Rolland und Heidi Baker

Heidi mit Crispen, dem eine himmlische Visitation geschenkt wurde

Kapitel 11

Wie sieht Liebe aus?

Juni 2006

Update von Rolland Baker

2. Juni 2006, 16.01 Uhr

Der Sieg

Es ist absolut toll, so viel Unterstützung aus der ganzen Welt zu bekommen, weil ihr unsere Nachrichten durch eure Netzwerke und Verbindungen verbreitet! Jesus hat wirklich kreative Möglichkeiten, die Gebete so vieler zu erhören!

Tagelang versuchten wir, uns mit dem Chef der Frelimo-Partei in Pemba zu treffen, aber wir wurden abgewiesen und ignoriert, selbst als Heidi und unsere Mitarbeiter stundenlang in seinem Büro warteten. Eines Nachmittags war schließlich seine Sekretärin nicht da und Heidi und unser Pastor für die Provinz marschierten einfach rauf in sein Büro und überredeten ihn zuzuhören. Auf dem Weg dorthin trafen sie den Autor des Zeitungsartikels, der einen sehr unbehaglichen und beschämten Eindruck machte.

Der Parteichef reagierte zunächst nicht wie gewünscht; tatsächlich drohte er uns weiter und sagte, man würde nicht nur die Story nicht zurückziehen, sondern sogar noch mehr gegen uns in die Zeitung setzen. Nach geraumer Zeit aber trat plötzlich eine eindrückliche Veränderung ein. Heidi hatte unser Herz und unsere Arbeit beschrieben, freundlich und unter Tränen. Wir sind für das Land, haben nichts gegen die Partei und wollen einfach nur lieben und helfen. Sie erklärte unser Vorgehen im Bereich Kinder und Ausbildung, und Pastor José erzählte mutig von unseren Evangelisationen in der ganzen Provinz. Wir haben keine politischen Absichten und wollen jedem, der uns begegnet, im Namen Jesu Gutes tun. Als sie immer weiter über unsere Motivation und unsere Absichten in Mosambik sprachen, wurde der Chef weich und brach ein. Er glaube uns, sagte er und bekannte, dass er in seinem Herzen bezüglich all dieser Dinge einen dicken „Knoten" gehabt habe. Er sagte, er sei so erleichtert, davon befreit zu werden, und dies sei der große Tag seines Lebens.

Einige Pastoren oder Leute in unseren *Iris*-Gemeinden irgendwo müssen wohl unter unserem Namen und ohne unser Wissen oder unsere Beteiligung politisch aktiv geworden sein, und das war zur Hauptstadt durchgedrungen. Der Präsident selbst befasste sich damit und beauftragte das Justizministerium, *Iris* zu überprüfen. Er war es auch, der die Zeitung in Pemba gebeten hatte, diesen Artikel zu veröffentlichen! Viele Menschen ließen sich anstecken und nutzten den Zwischenfall, um sich gegen unsere Anwesenheit in Mosambik zu stellen.

Aber dieser Frelimo-Parteichef in Pemba (der Partei, die wir angeblich unterminierten) schmolz vor Heidi dahin und versprach jetzt, einen neuen Artikel veröffentlichen zu lassen, der den vorigen korrigiert. Diesen Artikel haben wir bis jetzt allerdings noch nicht zu Gesicht bekommen, und wir warten ab. Die Situation bis kurz vor fünf am Dienstagnachmittag war tatsächlich äußerst kritisch und sah sehr gefährlich für *Iris* aus, schlimmer, als wir es beschrieben hatten. Die Umkehr des Parteichefs war gewaltig.

Aber Jesus, der mächtige, kreative, hatte eine andere Karte im Ärmel. Gestern kam Heidi auf dem Weg zu einer Vortragsreise zum Pembaer Flughafen, und zwar ganz untypisch früh. Sie war gerade dort, als die Frau des Präsidenten und ihr Gefolge landeten, die an einer großen Politveranstaltung der Frelimo-Partei in Pemba teilnehmen wollten. Vor den Augen des Provinzgouverneurs und anderer, die uns angegriffen hatten, sprach Heidi Leiter aus Pemba an, die die VIPs am Flughafen mit einer Tanzaufführung willkommen hießen. Heidi wurde begeistert gebeten, mit den Kindern in ihren Frelimo-T-Shirts mitzutanzen. Bald war sie völlig in ihr Programm integriert, und all das wird über den landesweiten Fernsehsender ausgestrahlt. Sie kam mit jedermann prächtig zurecht und zeigte deutlich, dass sie und *Iris* kein Problem mit der Partei oder den Einwohnern von Pemba haben. All dies wird der Präsident natürlich erfahren.

Unsere moslemischen Freunde in Pemba wurden bei einem Treffen mit den Anstiftern der Anti-*Iris*-Berichte gesehen, jedoch stehen sie unter gewaltigem Druck von ihren Familien und der moslemischen Gemeinde.

Wir müssen diese Themen wirklich unbedingt bei unseren Pastoren und Gemeindeleuten ansprechen. Wie in China müssen die Christen sich einen Ruf als die bestmöglichen Bürger aufbauen, die verlässlichsten, ehrlichsten, fleißigsten, die ihrem Land gut tun. Wir haben nur ein Leben zu geben, und in solchen Situationen müssen wir es für das Evangelium geben und nicht für Zweitrangiges ... Wir sind sicher, dass die weit überwiegende Mehrheit unserer Gemeindeleute *Iris* nicht für politische Zwecke missbrauchen will.

So tut Jesus, wie üblich, das, was nur er tun kann, und wir vertrauen ihm, dass er in allem immer bei uns ist. Wir lieben euch alle dafür, wie ihr uns vor den König gehoben und uns so überwältigend ermutigt habt. Wir werden euch auf dem Laufenden halten.

Herzliche Grüße in Jesus!
Rolland und Heidi

Kurznachrichten aus den *Iris*-Stationen

Lichinga, Mosambik

Aus dem Blog „Iris Bases, Mozambique, Lichinga"
27. Juni 2006, 17.42 Uhr

Wir danken Jesus, der uns zeigt, wie wir auf so vielerlei Weise ausdrücken können, was sein Herz bewegt. Am Samstag nahmen zwei Yao-Schwestern (beides junge Mütter) Jesus auf, nachdem Annelisa und ich (Antoinette) ihnen während des Erbsenpuhlens in ihrem ungepflasterten Hinterhof das Evangelium erzählt hatten. Wir waren nie zuvor bei ihnen zu Hause gewesen, und es war herzerwärmend, alle vier, fünf Schwestern aufmerksam lauschend im Kreis um uns sitzen zu haben. Nur zwei von ihnen trafen die Entscheidung, Jesus als ihren Herrn und Erlöser anzunehmen, aber welch eine Party wird es im Himmel wegen Helena und Lucia gegeben haben! Helena ist eine Waise, sie muss also irgendwie in diese Familie aufgenommen worden sein. Jetzt hat sie ein eigenes Kind, aber sie war so berührt zu hören, dass Annelisa und ich hier in Lichinga ein Kinderdorf eröffnen wollen. Möge sie und ihre Schwester Jesus von ganzem Herzen nachfolgen!

Preis dem Herrn!

- dass wir nun in dem Prozess sind, Land für das Kinderdorf zu kaufen!
- dass der ältere, portugiesische Besitzer sehr großzügig und ehrlich wirkt. Es ist eine Freude, mit ihm zu tun zu haben!
- dass wir jetzt ein Haus haben, das demselben Besitzer gehört, in dem wir mietfrei wohnen dürfen, während wir auf dem Gelände bauen, das nur auf der anderen Straßenseite liegt.

Gebetsanliegen

- dass der Papierkram für den Grunderwerb schnell erledigt wird und sich nicht, wie üblich, über drei Monate hinzieht.
- dass unsere Familie Weisheit hat, wenn wir junge Gläubige zu Jüngern machen.
- dass die jungen Gläubigen mit einem Hunger erfüllt werden, so heilig zu sein, wie Jesus heilig ist, und in ihm zu wachsen.

Im Moment gibt es hier in Lichinga nur die Familie Wilcox als Langzeitmissionare (acht Mann, ein fröhlicher Haufen!). Doch wir sind glücklich, so für ihn leben zu können, und wissen, dass nach Gottes perfektem Zeitplan Mitarbeiter hinzukommen werden. Bitte betet wirklich, dass besonders Mosambikaner sich aufmachen, bei der Ernte und im Kinderdorf zu helfen. Wir lieben euch alle sehr und danken euch für eure Gebete und Unterstützung. Sie bedeuten uns und Jesus viel!

Er ziehe euch immer mehr in seine Liebe!
Familie Wilcox

Matola, Mosambik

Aus dem Blog „Iris Bases, Mozambique, Matola"
27. Juni 2006, 17.16 Uhr

November letzten Jahres mieteten wir ein Haus in Matola (in der Nähe von Maputo) an, ohne zu wissen, was Gott für uns im Sinn hatte, außer unserem Herzenswunsch, unter HIV-positiven Kindern zu arbeiten. Seitdem hat Gott uns enorm gesegnet. Jetzt, erst ein halbes Jahr später, dienen wir hier sieben Kindern im Alter von sieben Monaten bis elf Jahren. Das achte Kind wird nächste Woche zu uns kommen. Zwei weitere Kinder sind jetzt schon im Himmel, aber vorher haben sie wenigstens erfahren, was es heißt, geliebt und umsorgt zu werden.

Benedito, elf Jahre alt, kam im April zu uns. Zunächst war er krank, es ging ihm so schlecht, dass er im Krankenhaus bleiben musste. Er hatte eine „Hexenschnur" um den Fuß und war nicht sehr interessiert an Jesus. Aber er änderte sich! Heute ist er ein richtig fröhlicher Junge, und in der Kirche sitzt er neben dem Pastor. Er ist völlig lebendig.

Mit acht Kindern wird unser Haus voll sein, aber Gott hat uns gesagt, wir sollen sein Werk nicht beschränken – nicht „menschliche Wände" darum bauen (Sacharia 2,1–5) – und hat schon die Türen für den Kauf eines größeren Hauses geöffnet, so dass wir in Zukunft fünfundzwanzig Kinder aufnehmen können.

Wir arbeiten mit einem Team von größtenteils mosambikanischen Pastoren und Erziehern, die ein Herz für Gott und für die Kinder haben. Denika (aus den Vereinigten Staaten) arbeitet auch im Bereich Gemeindegründung und Evangelisation mit uns zusammen.

Bitte betet für uns, die Kinder und für das neue Haus. Wir müssen das Haus renovieren, damit wir bald einziehen können – und damit mehr Kinder Platz finden.

Corrie, Denika und mosambikanische Mitarbeiter und Kinder

Indien

Aus dem Blog „Iris Bases, Iris India"
27. Juni 2006, 17.57 Uhr

[Aus Sicherheitsgründen können wir keine Namen oder Ortsbezeichnungen für die Arbeit auf dieser Station angeben.]

Dies ist die Geschichte einer Pastorenfrau (nennen wir sie Sheila). Bei Sheila wurde TB festgestellt, und sie lag im Sterben, weil die Ärzte nichts mehr für sie tun konnten. Die medizinische Behandlung hatte sie und ihren Mann in solche Schulden gestürzt, dass wir und die anderen Pastoren von Gemeinden, die wir gegründet hatten, uns hinter sie stellten und ihnen Geld schenkten (wenn auch nicht viel). Die Liebe und Abdeckung durch Gebet waren überwältigend. Gott zeigte sich und rührte Sheila an, so dass sie jetzt wieder auf den Beinen ist! Kraft und Hoffnung durchströmen sie, weil nicht nur ihre eigene Familie sie unterstützt, sondern der Leib Christi im Großen. Sind die Wege des Herrn nicht wunderbar? Unser Gott ist sowohl praktisch als auch wunderwirkend. Wir wollen seine Wege lieben!

Gebetsanliegen

- dass wir ihn in allem gut hören und auf allen unseren Wegen wahrnehmen.

Zimpeto, Mosambik

Aus dem Blog „Iris Bases, Mozambique, Zimpeto"
27. Juni 2006, 17.45 Uhr

Das Highlight des letzten Monats für unser Zentrum war die Hochzeit von Betinho Puze und Liz Lazar: der erste Vollwaise des Dienstes, der die Tochter eines Missionars heiratete (jetzt selber eine Missionarin).

Die Zeremonie fand während des Gottesdienstes statt. Yollanda von *Petra Ministries* segnete die Ehe, dann setzten sich die Gäste sowie 350 Kinder zu einem Mittagessen mit Pommes frites und Hühnchen an Tische vor der Kirche.

Es war sehr schön für Liz und Betinho, dass sie mit ihrer großen Familie gemeinsam zu Mittag essen konnten! Jetzt leben und dienen sie auf der Station in Zimpeto. Steve und Ros sind gesegnet mit einem weiteren Sohn! Ja, Gott erhebt die Armen aus dem Staub und setzt sie mit Fürsten an himmlische Orte. Welch einem gewaltigen Gott dienen wir!

Es gefällt uns, zu beten und zu erleben, wie Gott unsere Kinder hier in Zimpeto versorgt. Vergangenen Monat brauchten wir wegen der Kälte mehr Decken, hatten aber kein Geld, um welche zu kaufen. Wir beteten für diese Not, und am nächsten Tag gab uns ein Besucher so viel Geld, dass wir ins Geschäft gehen und genügend Decken kaufen konnten, um alle unsere 350 Kinder in diesen kalten Monaten warmzuhalten.

Gottes Gegenwart ist deutlich sichtbar während der regelmäßigen wöchentlichen Einsätze in den Dörfern um Zimpeto herum. Die Leute hier werden nie müde, von der Erlösung zu hören. Ständig wirkt der Heilige Geist, er berührt Menschen, überzeugt Herzen und bringt Seelen in das Reich Gottes. Gemeinden werden gegründet und gedeihen. Die Ernte ist mehr als reif! Halleluja!

Betet mit uns:

- Wir warten, dass Gott uns seine Strategie für unsere ältere Jugend zeigt. Als ihre „Eltern“ überlegen wir, welche anderen Möglichkeiten Gott vielleicht eröffnen könnte, um für die Zukunft dieser wunderbaren jungen Menschen Sorge zu tragen.
- Nachdem wir an struktureller Effizienz gearbeitet haben, können wir mehr kranke und abhängige Kinder/Babys aufnehmen. Betet mit uns, dass Gott uns die verborgenen Schätze der Dunkelheit gibt, um diese verlassenen, unterernährten und ungewollten, diese kostbaren Menschen mit seiner Liebe zu überschütten.

Wir möchten als solche erfunden werden, die sich nicht einschränken lassen, die die Grenzen der Tradition umstoßen und ein Leben führen, das unserem Gott radikal gehorsam und vollkommen verfügbar ist!

Dondo, Mosambik

Aus dem Blog „Iris Bases, Mozambique, Dondo“
27. Juni 2006, 17.58 Uhr

Gott erneuert die geistliche Atmosphäre in Dondo und wir erleben großartige Veränderungen an diesem Ort. Früher lebten unsere Kinder in Lehmhäusern. Heute haben sie ein festes Haus, das ihnen Sicherheit bietet. Sie haben Erzieher und Missionare, die sie lieben und sich um sie kümmern. Jetzt hören wir an ihren Stimmen, wie glücklich sie sind!

Im Moment bauen wir in unserer Station Klassenzimmer für unsere Bibelschule und Schlafsäle für unsere Studenten und Pastoren, ebenso ein Haus, wo wir uns um Mädchen kümmern können. Gott segnet uns reichlich. Voller Zuversicht in seine Liebe und Fürsorge beten wir, dass er uns Missionare schickt, die in unserer Klinik helfen, und auch jemanden für die Elektronik (vorzugsweise Leute, die portugiesisch sprechen, besonders in der Klinik). Wir beten auch für den Zaun, der gezogen werden soll, die Kirche und für die Anschaffung eines großen Lastwagens und eines Autos für unsere Station.

Gottes übernatürliche Kraft ist sichtbar unter uns. Unser Evangelisationsteam betete mit einigen Leuten, und eine Frau fragte, ob wir für sie um einen Sohn beten würden. Sie war seit acht Jahren verheiratet, konnte aber keine Kinder bekommen. In der mosambikanischen Kultur muss ein Paar Kinder haben, um geachtet zu werden (besonders die Männer). Wir beteten für sie, und Gott schenkte ihr einen Sohn. Ehre sei Gott!

Wie sieht Liebe aus?
[Teisa Miller, *Iris*-Missionarin]

Die Tage, Wochen und Monate fliegen in unserem Zentrum in Pemba vorbei wie ein Wirbelwind. Viele von euch haben für die politische Situation gebetet, die für unsere Mitarbeitern in Pemba sehr belastend war. Wir glauben, dass sich die Dinge zu seiner Ehre wenden werden, aber betet bitte weiter mit uns für einen Durchbruch bei den örtlichen moslemischen Behörden/Zeitungen. Ich werde darauf nicht allzu sehr eingehen, sondern lieber eine kleine Geschichte und eine weitere Liebeslektion von Jesus erzählen …

Meine tägliche Zeit mit Jesus verbringe ich sehr gern am Strand (unser Strand in Pemba ist unglaublich schön). Oft machen wir dieses kleine Spiel: Beim Laufen weist Gott mich auf bestimmte Muscheln hin, die im Sand verstreut sind, und ich rate dann, wofür jede Muschel symbolisch steht. Wie der Heilige Geist führt, nehme ich die Muschel in die Hand und bete für eine bestimmte Person oder Situation. Danach werfe ich die Muschel meistens in den Ozean (gebe Gott die Last zurück), oder ich behalte sie, um sie jemandem zu schenken und vielleicht mit der Person zu beten oder sie zu ermutigen oder so.

Eines Morgens vor ungefähr einem Monat ging ich wieder mit Jesus spazieren und war bereit für unser Spielchen. Ein paar Muscheln fielen mir ins Auge, aber ich hatte den Eindruck, ich sollte sie liegen lassen. „Hmm“, dachte ich, „das ist komisch. Warum kann ich sie nicht in die Hand nehmen?“ Keine Antwort, also versuchte ich es noch einmal. Dieselbe Überzeugung überkam mich, als ich mich bückte. „Okay, Herr. Dann mache ich das heute nicht mit den Muscheln.“ Ich setzte mich auf den Sand und wollte beten, spürte aber keine deutliche Richtung. „Auch gut, dann bete ich Gott einfach an“, dachte ich. Aber ich konnte noch nicht einmal anbeten. Das fand ich alles ganz merkwürdig, aber ich dachte mir, ich müsse wohl einfach warten und hinhören. Nach einiger Zeit bohrte ich die Füße tiefer in den Sand und begann mit den Händen herumzuspielen. Als ich eine Handvoll Sand aufnahm und durch die Finger laufen ließ, sprach der Herr zu meinem Herzen: *„So drücke ich meiner Braut meine Liebe aus.“*

Wow! Plötzlich wurde der Sand um mich äußerst wichtig. Jedes Körnchen war von Bedeutung! Allein in der Hand hielt ich Tausende; unter meinen Füßen waren Milliarden; jedes winzige Körnchen steht für eine Facette seiner Liebe! Wie grenzenlos ist die Liebe des Vaters! Wie großartig, wie unermesslich, wie kostbar sind seine Gedanken der Liebe zu uns! Völlig überwältigt von dieser Offenbarung, rollte ich im Sand herum, landete schließlich auf dem Bauch, Gesicht nach unten, und fing an, diese Schätze der Liebe näher zu untersuchen. Stellt euch vor: Jedes Körnchen ist anders als alle anderen …

Seit einigen Wochen denke ich nun darüber nach. Wenn jeder Ausdruck seiner Liebe so einzigartig ist, wie ist es dann mit unseren? Wie sieht unsere Liebe aus? Sollte unsere Liebe zu ihm nicht seine Kreativität und Herrlichkeit widerspiegeln? Oder tun wir Tag für Tag dasselbe, sagen wir dieselben Sachen, singen dieselben Lieder? Gott behüte! Wenn wir nicht gut aufpassen, kann unsere Liebe zu ihm so leicht zu einem Stillstand kommen, zum Status quo, ja, sogar langweilig werden!

> „Wie der Vater mich geliebt hat, habe auch ich euch geliebt. Bleibt in meiner Liebe!"
>
> Johannes 15,9

> Er aber sprach zu ihm: „Du sollst den Herrn, deinen Gott, lieben mit deinem ganzen Herzen und mit deiner ganzen Seele und mit deinem ganzen Verstand." Dies ist das größte und erste Gebot. Das zweite aber ist ihm gleich: „Du sollst deinen Nächsten lieben wie dich selbst."
>
> Matthäus 22,37-39

Wie sieht es aus, wie drücken wir unsere Liebe zum Nächsten aus? Was sehen wir in den Augen unseres Gegenübers? Wie können wir ihn mit der Liebe Gottes erreichen? Mit diesen Fragen lädt Jesus uns zu einer unglaublichen Entdeckungsreise ein. Er möchte uns die Augen öffnen, dass wir seine Liebe auf neue Weise sehen …

Für Julianna sieht Liebe wie ein Zuhause aus

Ich begegnete Julianna schon damals, als ich *Iris* im Jahr 2004 zum „Vorstellungsgespräch" besuchte. Ihre Situation brach mir das Herz. Mit 33 Jahren war Julianna sechsfache Mutter und zweifache Großmutter. Ihr „Ehemann" hatte sie verlassen, so dass sie jetzt ganz allein für die Familie sorgen musste. Als ich 2005 nach Pemba zurückkam, fing ich an, Julianna zu unterstützen.

Vor etwa acht Monaten zog Julianna aus dem Haus ihrer Schwester aus, um sich einem missbrauchenden Mann zu entziehen. Mit der bescheidenen Gabe von Missionaren in Pemba zog Julianna um. Sie war so dankbar für das Geldgeschenk! Und weiter sprach sie nie über ihr Haus. Wir nahmen an, es wäre ein typisches, mosambikanisches Lehm-/Zementhaus. Aber das stimmte nicht.

Im Mai gingen meine Mitbewohnerin Yonnie und ich Julianna besuchen. Wir waren schockiert von dem, was wir sahen. Ihr Haus war nur zu einem Drittel fertiggestellt: Das Dach war nicht ganz gedeckt, es gab keine Türen, und die Wände waren voller großer Löcher, die Julianna und ihre Familie täglich dem Wetter aussetzten.

Es war offensichtlich, wie Liebe für diese Familie aussah. In den letzten zwei Monaten haben wir Sand, Steine und anderes Baumaterial zu ihrem Haus geschleppt. Momentan zementieren wir die Außenwände. Es geht langsam, aber stetig voran. Wir vertrauen darauf, dass Gott 600 Dollar schenken wird, um ihr Haus fertigzustellen (Spenden für Juliannas Haus können per MIA gemacht werden – www.mia.org). Wir sind begeistert, wie großzügig sich Jesu Liebe für Julianna zeigt. Wenn ihr Haus fertig ist, gibt es viele weitere gefährdete Frauen in unserer Gemeinde in Pemba, die auch neue Dächer, Reparaturen oder neue Häuser brauchen. Er hat immer mehr als genug!

> Ein reiner und unbefleckter Gottesdienst vor Gott und dem Vater ist dieser: Waisen und Witwen in ihrer Bedrängnis zu besuchen, sich selbst von der Welt unbefleckt zu erhalten.
>
> Jakobus 1,27

Für Lourdis sieht Liebe wie eine Familie aus

Vor ein paar Wochen hießen wir wieder ein neues Baby in unserem Zentrum in Pemba willkommen. Ebenso wie Maria wurde uns auch Lourdis Luis von ihrer Großmutter gebracht. Ihre Geschichten ähneln sich tragisch. Lourdis' Mutter starb zwei Tage nach ihrer Geburt. Ihre Großmutter kannte den Vater nicht und kümmerte sich deshalb zunächst selber um das Baby. Ihre Großmutter erzählte auch, dass Lourdis das fünfzehnte Baby ihrer Tochter war, und dass zwölf ihrer Geschwister gestorben waren. Bei der Geburt hatte Lourdis dreieinhalb Pfund gewogen, und sie bekam eine dünne Maismehlmischung mit etwas Zucker und Wasser zu essen. Als sie in unserem Zentrum ankam, wog Lourdis, sechs Wochen alt, immer noch nicht mehr als dreieinhalb Pfund. Sie war so erschreckend unterernährt, dass viele von uns dachten: „Lieber Jesus, wir haben doch gerade Maria verloren, und jetzt bekommen wir dieses winzige, kranke Baby, das auch sterben könnte.“ Jedes Mal, wenn wir sie im Arm hielten und für sie beteten, sprachen wir über ihr aus: „Lourdis wird leben und nicht sterben.“

Heute wiegt Lourdis acht Pfund, und sie wird täglich kräftiger; inzwischen hat sie sogar ein winziges Doppelkinn! Sie ist ein lebhaftes Mädchen, das sich gerne auf den Arm nehmen lässt. Wenn man versucht, sie hinzulegen, äußert sie deutlich ihren Unmut! Lourdis ist unser allersüßestes Schreibaby. Sie wird von Herzen geliebt und genießt es, die begehrteste Ergänzung unserer Familie zu sein.

„Ich werde euch nicht verwaist zurücklassen, ich komme zu euch.“

Johannes 14,18

Vater der Waisen, Beistand der Witwen –
das ist Gott in seiner heiligen Wohnung!
Den Einsamen schafft er eine Familie ...

Psalm 68,6-7 (Gute Nachricht 1991)

Für die Krieger sieht Liebe wie ein Restaurant aus

Dieses Bild hinkt sehr, aber die Krieger verstehen es. („Die Krieger“ sind die Jungs aus meinem Schlafsaal – acht der mächtigsten kleinen Männer in Afrika …) Fast jeden Tag sehen mich meine Jungs mit ihren herrlichen Augen an und fragen: *„Mama Teisa, restaurante hoje?“* („Können wir heute ins Restaurant gehen?“) Ins Restaurant zu gehen bedeutet Verschiedenes für sie: Es bedeutet Freiheit und Spielzeit außerhalb des Zentrums, wo sie sieben Tage die Woche rund um die Uhr spielen, wenn sie nicht von jemandem mit rausgenommen werden. Es bedeutet Coca-Cola und leckeres Essen wie Eiskrem oder Hühnchen – eine Riesenköstlichkeit für Kinder, die Hungersnot und extreme Armut überlebt haben. Es bedeutet Erziehung, weil wir vor dem leckeren Essen oft Anschauungsunterricht halten; deshalb lernen die Krieger, das Lernen zu lieben! Am meisten, glaube ich, gehen die Krieger so gerne in ein Restaurant (oder zu mir nach Hause oder in Heidis Haus usw.), weil es bedeutet, dass sie mit jemandem, der sie liebt, eine gute Zeit verbringen …

„... und wenn jemand ein solches Kind aufnehmen wird in meinem Namen, nimmt er mich auf."

Matthäus 18,5

„Und wenn jemand einem dieser Geringen nur einen Becher kalten Wassers zu trinken gibt in eines Jüngers Namen, wahrlich, ich sage euch, er wird seinen Lohn gewiss nicht verlieren."

Matthäus 10,42

Für die jungen Männer an der Missionsschule und unsere mosambikanischen Pastoren sieht Liebe wie Händchenhalten aus

In Afrika hält man sich mit Menschen des gleichen Geschlechts an den Händen, nicht mit denen des anderen Geschlechts. Dass ein Mann einen anderen Mann an die Hand nimmt, ist ein akzeptierter Ausdruck von Freundschaft. In der westlichen Kultur finden die meisten Männer die Vorstellung, einen anderen Mann an der Hand zu halten, unannehmbar und abstoßend. Aber in Afrika ist es so, dass ein Mann, der in die gleiche Richtung geht wie sein Freund, ihm die Hand reicht, und dann legen die beiden ihren Weg Hand in Hand zurück. Die Hand eines Bruders abzulehnen ist eine große Beleidigung. Wie herausfordernd aber kann dies für einen Westler sein! Weil ich das so gut weiß, freue ich mich immer sehr, wenn ich unsere westlichen Brüder mit den afrikanischen Brüdern daherlaufen sehe – sie teilen ihre Kleider, ihr Essen, ihr Leben, Hand in Hand. Welch ein Bild für Liebe!

Hieran haben wir die Liebe erkannt, dass er für uns sein Leben hingegeben hat; auch wir sind schuldig, für die Brüder das Leben hinzugeben. Wer aber irdischen Besitz hat und sieht seinen Bruder Mangel leiden und verschließt sein Herz vor ihm, wie bleibt die Liebe Gottes in ihm? Kinder, lasst uns nicht lieben mit Worten noch mit der Zunge, sondern in Tat und Wahrheit!

1. Johannes 3,16-18

Und der König wird antworten und zu ihnen sagen: Wahrlich, ich sage euch, was ihr einem dieser meiner geringsten Brüder getan habt, habt ihr mir getan.

Matthäus 25,40

Für Jesus sah Liebe wie ein Kreuz aus

Das Kreuz war das ultimative „Ich liebe dich!“ Es war das Reden des Vaters zu der Welt: „So sehr liebe ich dich!“; des Sohns zum Vater: „So sehr liebe ich dich!“, des Bräutigams zu seiner Braut: „So sehr liebe ich dich!“

Für jeden, der wirklich an Jesus Christus glaubt, wird Liebe immer wie ein Kreuz aussehen. Das Kreuz ist unsere Heimat. Wir wissen, dass wir mit Christus gekreuzigt sind (Galater 2,19), schaffen es aber irgendwie doch immer wieder, uns vom Kreuz wegzustehlen und an anderer Stelle Trost zu suchen. Aber die Fülle des Lebens ist nirgends sonst zu finden. Nur in dieser Erklärung können wir ihm ähnlich sein: „Ich möchte nichts anderes mehr kennen als Christus, damit ich die Kraft seiner Auferstehung erfahre, so wie ich auch sein Leiden mit ihm teile …“ (Philipper 3,10).

I take, O cross, thy shadow
for my abiding place
I ask no other sunshine than
The sunshine of His face
Content to let the world go by
To know no gain or loss
My sinful self my only shame
My glory in the cross.

(Elizabeth C. Clephane)

(Ich berge mich im Schatten des Kreuzes und bitte um keinen anderen Sonnenschein als den des Angesichts Jesu. Zufrieden, die Welt vergehen zu sehen und weder von Gewinn noch Verlust zu wissen, schäme ich mich nur für mein sündiges Ich und rühme ich mich des Kreuzes.)

Jeden Morgen danke ich Gott, wenn ich aufwache, für die Möglichkeit, den Herrn und die Menschen in Pemba zu lieben. Die Reise geht weiter, und ich erkenne, wie kurz die Zeit ist. Es gibt noch so viel mehr, was der Herr hier tun möchte, um seine unendliche Liebe zu zeigen. Sein Herz sehnt sich danach, jedem Menschen bekannt gemacht zu werden, bis alle von seiner erlösenden Gnade wissen. Wie Jesus sagte, ist das wirklich unsere Speise – sein Werk zu vollenden, seinen Namen den Menschen, die er so sehr liebt und für die er sein Leben gab, bekannt zu machen.

Muito Amor
Teisa

Lebensprinzipien: Bist du blind?

Es gab eine Zeit, da sehnte ich mich danach zu erleben, wie Gott Blinde heilt. Ja, ich war so begeistert von Gottes Möglichkeiten, dass ich überall, wohin ich kam, nach Blinden Ausschau hielt, um für sie beten zu können. Wenn ich mit dem Laster die Straße entlangfuhr und einen Blinden erblickte, trat ich sofort auf die Bremse, sprang aus dem Wagen, packte mir die Person und betete für sie, unmittelbar und direkt dort. Es war schon in Ordnung so – die Leute konnten mich ja nicht kommen sehen!

In Afrika gibt es viel mehr Blinde als im Westen. Man sieht sie überall, ich konnte also häufig beten üben. Dann befand ich mich eines Tages in einer Lehmhütten-Kirche. Es war ein brütend heißer Tag. Wir beteten Gott miteinander an, als ich bemerkte, wie eine blinde Person zur Versammlung geführt wurde. Ich war ziemlich aufgeregt und dachte: „Wieder eine Gelegenheit. Vielleicht will Gott diese Frau heilen?" Als ich sie in den Arm nahm und für sie betete, überströmte mich plötzlich eine Welle übernatürlichen Mitleids, und ich fing an, über ihr zu weinen. Ich schluchzte herzzerreißend, bis Gott diese Frau anrührte und sie – *peng* – rückwärts auf den Lehmboden fiel.

Ich blickte auf sie hinunter, wie sie dort im Schmutz lag: Ihre Augäpfel waren völlig weiß und blind. Aber dann konnte ich zusehen, wie sich ihre Augen von Weiß zu Grau veränderten und dann in ein wunderschönes Braun, und sie blinzelte, als Gott ihr Sehvermögen wieder herstellte. Ich war so aufgeregt! Als ihr klar wurde, dass sie sehen konnte, begann auch sie begeistert zu schreien. Sie stand nicht vom Boden auf, sondern lag da und kreischte erstaunt. Ich schaffte es, sie nach ihrem Namen zu fragen, und zu meiner Überraschung antwortete sie: „Mama Eida." „Oh", sagte ich, „so heiße ich auch!"

Einige Tage später war ich im Nachbardorf, wieder in einer heißen Lehmhütte. Diesmal hatte ich meinen guten Freund Dr. Guy Chevreau bei mir. Guy ist Doktor der Theologie und begleitete mich, um für sein Buch *Turnings* zu recherchieren und sich Aufzeichnungen über die Erweckung in Mosambik zu machen. Als er da saß und schrieb und schrieb, kam wieder eine blinde Frau zu mir, damit ich für sie betete. Ich nahm diese Frau erst einmal in den Arm, und auch jetzt überkam mich Mitleid. Ich weinte lange über dieser Dame, und plötzlich rief sie laut: „Oh, du hast eine schwarze Bluse an." „Ja, das stimmt", sagte ich. „Ich kann sehen, ich kann sehen!", rief sie. Ich drehte mich um und rief Guy zu: „Hör auf zu schreiben! Diese Frau kann sehen!" Er hatte nichts mitbekommen! Ich musste lachen bei dem Gedanken, dass er da saß und etwas über die Erweckung schrieb, während Gott damit beschäftigt war, einer blinden Frau ihr Augenlicht zu schenken!

Ich nahm diese Dame nach draußen, um ihre Sehfähigkeit zu prüfen, und sagte ihr, sie solle gehen und einen Eimer holen, den ich in einiger Entfernung erkennen konnte. Sie ging genau darauf zu und brachte ihn mir. Dann fragte ich sie: „Wie heißt du?" Sie antwortete: „Mama Eida!" Ich dachte bei mir: „Oh, wow! Zwei blinde Mama Eidas in zwei Tagen. Das ist ja was!"

Einen Tag später war ich im nächsten Dorf, mittlerweile so aufgeregt, dass ich sagte: „Wo sind die Blinden? Bringt mir die Blinden." Daraufhin führte ein zerlumpter Junge eine sehr alte Frau zu mir. Natürlich waren sie Bettler – das sind die Blinden in Mosambik nun einmal. Ich betete für sie, und sie fiel nach hinten in den Schmutz. Sofort fing sie an zu schreien: „Ich kann sehen! Ich kann sehen!" Die versammelte Gemeinde geriet in Ekstase, weil jeder sie kannte, und alle schrien: „Mama Eida kann sehen!"

Erst wollte ich meinen Ohren nicht trauen. Ich beugte mich zu der Frau im Schmutz auf der Erde und flüsterte: „Wie heißt du?" Sie sagte: „Das haben die Leute doch gerade gesagt: Mama Eida. Wie heißt du denn?" „Mama Eida", antwortete ich mit glänzenden Augen …

Das war einfach kein Zufall mehr. „O Gott", betete ich. „Was bedeutet das?" Wisst ihr, was er mir sagte? „Du bist blind!" Ich war schockiert. Ich begann mit Gott zu streiten: „Gott, das ist nicht nett! Ich gebe den

Armen zu essen, Tausenden …“ (Ich kann kaum glauben, dass ich so mit Gott gesprochen habe.) „Ich arbeite in den Slums … Ich gebe Witwen und Waisen zu essen!“ Ich versuchte Gott zu erklären, dass ich nicht blind wäre.

Was ist nur mit uns los? Wenn Gott uns etwas sagt, dann stimmt das auf jeden Fall! Schließlich hörte ich auf mit Gott zu streiten, und ordnete mich ihm unter. „Wenn ich blind bin, Gott, dann möchte ich sehen können.“ Er sagte mir: „Ich gebe dir Augensalbe, und ich mache, dass dir die Augen geöffnet werden. Und ich gebe dir Augensalbe für die Gemeinde. Die Augen meiner Gemeinde sind trüb geworden. Sie sehen nicht gut. Aber ich öffne die Augen der Gemeinde.“

Vor diesem Tag war ich sehr wenig zu Vorträgen außerhalb von Afrika gereist. Manchmal schon, aber immer sehr zögerlich. Ich liebte meine Nation, Mosambik, aber die westliche Kirche liebte ich, ehrlich gesagt, nicht, denn ich meinte, die Leute dort seien nicht hungrig. Der Herr benutzte diese merkwürdigen Heilungen, um mir zu zeigen, wie blind ich gewesen war und wie sehr die Gemeinde des Westens auch sehen können muss – Gottes Wirken unter den Ärmsten der Erde sehen; die Armen in ihrer Umgebung sehen. Gott ist leidenschaftlich für die Armen jeder Nation – für die Armen des Westens, die oft verkleidet daherkommen, genauso wie für die Armen in Afrika.

An dem Tag drang ich ein bisschen tiefer in Gottes Herz vor; ich verstand ein bisschen besser. Etwas in mir, was dem Willen Gottes widerstanden hatte, war gebrochen. Bist du blind? Willst du Gott erlauben, seine Augensalbe auf deine Augen zu streichen, damit du sehen kannst, was er sieht?

Kapitel 12

Die lang erwartete Ernte

Juli 2006

Heidi schreibt

1. Juli 2006, 15.48 Uhr

Danke, dass ihr Kontakt haltet. Danke, dass ihr für uns betet. Wir hatten gerade eine wunderbare Konferenz in Nampula. Zwei Taubstumme wurden geheilt! Das ganze Dorf kannte sie, und so verursachten diese großartigen Wunder einen ziemlichen Aufruhr unter den Leuten. Am herrlichsten fand ich das Nachttreffen unter freiem Himmel, als die Gegenwart Gottes auf uns kam und die Menschen vor Jesus auf die Knie fielen. Hunderte von Moslems gaben Gott ihr Herz. Wir hatten auch eine fröhliche Gruppenhochzeit: Vierzehn Paare traten in den heiligen Stand der Ehe. Nach den Trauungen wurde Jesus, der König, mit ausgelassenem Singen und Tanzen gefeiert, und Hunderte junger Gläubiger ließen sich taufen.

Dennoch habe ich einen Hunger nach Jesus, der nur gestillt werden kann, wenn ich mehr Kinder finde. In den vergangenen paar Tagen sind wir durch drei neue Schätze bereichert worden – Kinder, die uns zum Lieben und Versorgen gebracht wurden. Wenn ich sehe, wie Emelyn Lourdis auf dem Arm hält, unser neues, winziges Baby, verspüre ich Gottes große Freude. Lourdis war nach dem Tod ihrer Mutter am Verhungern, aber wir haben sie rechtzeitig bekommen. Sie ist Jesu Geschenk an uns. Helena, eine unserer Zwölfjährigen in der Station Zimbeto, ist vor Kurzem an Wechselfieber verstorben. Täglich erleben wir sowohl Freude als auch

Leiden. Das Leben ist voller Emotionen. Mutter Teresas Schriften helfen mir, den Sinn von vielem zu verstehen, was ich nie recht ausdrücken konnte: „Nach Liebe hungernd, sieht Jesus dich an. Nach Freundlichkeit dürstend, fleht er dich an. ... Willst du der Eine für ihn sein?“ Im Armen können wir das Angesicht Gottes finden (Matthäus 25,45). Was wir tun, tun wir für ihn, in Jesus, durch Jesus, mit Jesus, auf Jesus hin. Wir stellen uns ihm vollkommen zur Verfügung. Mögt ihr heute die Herrlichkeit seiner Liebe erleben. Bitte unterbrecht euren Weg für den Einzelnen.

Herzliche Grüße in Jesus
Heidi

Die lang erwartete Ernte

[Von Erik Shipley, einem der Langzeit-Mitarbeiter bei *Iris* Pemba]

1. Juli 2006, 15.46 Uhr

> Irrt euch nicht, Gott lässt sich nicht verspotten! Denn was ein Mensch sät, das wird er auch ernten. Denn wer auf sein Fleisch sät, wird vom Fleisch Verderben ernten; wer aber auf den Geist sät, wird vom Geist ewiges Leben ernten. Lasst uns aber im Gutestun nicht müde werden! Denn zur bestimmten Zeit werden wir ernten, wenn wir nicht ermatten. Lasst uns also nun, wie wir Gelegenheit haben, allen gegenüber das Gute wirken, am meisten aber gegenüber den Hausgenossen des Glaubens!
>
> Galater 6,7-10

Es ist ein typischer Dienstagnachmittag bei *Iris Ministries* in Pemba. Da die Sonne an diesem afrikanisch feucht-heißen Tag wieder einmal vom Himmel brennt, nimmt Heidi im Schatten unseres riesigen grün-weiß gestreiften Zeltes Zuflucht und bereitet sich darauf vor, ihrer ständig wachsenden Familie ihr Herz auszuschütten. Das Zelt ist voll – ein Meer von Hunderten Gesichtern, schwarz, weiß, asiatisch und braun, aus zwölf Nationen der Erde, alle versammelt, um das Wort des Herrn zu hören. Die zweite *Iris Ministries Holy Given*-Missionsschule findet statt. Wie schön ist es, zwischen den mosambikanischen Pastoren und Kindern viele Westler zu sehen! Wirklich, Gott erhebt die einst gebrochene Nation Mosambik zu einem Licht für die ganze Welt und Übungsfeld für eine mächtige Armee von völlig hingegeben Liebenden, die die Erde mit seiner Herrlichkeit erfüllen.

Heute allerdings ist Heidi verständlicherweise erschöpft. *Iris Ministries* muss die heftigsten Angriffe seiner Geschichte ertragen, und kurz vor dem Gottesdienst hat Heidi weitere schlechte Nachrichten erhalten. Ihr selbst und einigen mosambikanischen Mitarbeitern war nicht nur mit dem Tod gedroht worden, einige Bewohner des Ortes strengten auch ein Gerichtsverfahren an über bestimmte Lohnforderungen, die der vorherige Vertragspartner veruntreut hatte. Zusätzlich zu all dem erfuhr sie, dass die Tochter eines unserer *Iris Ministries*-Pastoren verstorben war. An diesem Tag schien alles schlecht zu laufen und hoffnungslos zu sein – das heißt, bis Gott auf den Plan kam!

Als Heidi anfing, über ihr Lieblingsthema, die Liebe, zu predigen, war sie von all dem gerade erlebten Stress sichtlich erschöpft und brauchte Entlastung. Alles wirkte so hoffnungslos. Doch auf einmal hörten wir ein Singen aus der Ferne. Es klang nicht nach Trauern oder Klagen, sondern nach großer Freude. Heidi drehte sich um, und da marschierten triumphierend die Witwen meines Gärtnereiprojektes am Ort mit ihrer allerersten Ernte herein! Jede von ihnen trug einen Salatkopf vor sich her oder Spinat, Zwiebeln oder Rüben. Jede strahlte über das ganze Gesicht und tanzte und sang dem Herrn mit aller Kraft.

Im Westen hätte man es für unhöflich gehalten, einen gerade laufenden Gottesdienst zu unterbrechen, aber Heidi ist mit der ereignisorientierten Kultur Mosambiks wohlvertraut und bat die Frauen ganz selbstverständlich, vor den Missionsschülern Zeugnis über das zu geben, was Gott in ihrem Leben getan hatte. Sie alle sagten dasselbe. Vor vielen Monaten waren sie zu *Iris Ministries* gekommen, verloren, gebrochen, krank, arm und hoffnungslos. Viele von ihnen waren Moslems und kamen nur, weil sie gehört hatten, dass sie hier an einem Programm teilnehmen konnten, das Nahrung für ihre leidenden Familien verhieß. Aber alle von ihnen bezeugten, wie froh sie waren, Jesus Christus begegnet und durch seine unendliche Liebe und Barmherzigkeit verändert worden zu sein. Sie alle waren dankbar, einen Erlöser zu haben, der ihre Sünden genommen und ihnen eine lebendige Hoffnung gegeben hatte inmitten ihrer Schwierigkeiten – Schwierigkeiten, die über alles hinausgehen, was wir Westler je begreifen können.

In vielerlei Hinsicht waren ihre Herzen wie die Felder, auf denen sie die letzten fünf Monate gearbeitet haben. Als sie zu *Iris Ministries* kamen, waren ihre Herzen hart und voller Steine und Unkraut. In vielen von ihnen war das Unkraut so tief verwurzelt, dass ein Herausreißen unmöglich schien. Aber Tag für Tag wirkte Gott der Vater als geduldiger und behutsamer Meistergärtner an ihrem Herzen. Er jätete das Unkraut, entfernte die Steine und bepflanzte die Erde, die vorher der Teufel in böser Absicht reichlich kultiviert hatte, mit seiner kostbaren Saat des ewigen Wortes Gottes. Später bewässerte er den Boden mit seinem Geist und ließ das Sonnenlicht seiner Herrlichkeit jeden Tag darauf scheinen, bis die Saat schließlich aus der Erde gesprosst war zu einer Ernte der Gerechtigkeit.

> Und er sprach: Mit dem Reich Gottes ist es so, wie wenn ein Mensch den *Samen auf das Land* wirft und schläft und aufsteht, Nacht und Tag, und und der Same sprießt hervor und wächst, er weiß selbst nicht, wie. *Die Erde bringt von selbst Frucht hervor*, zuerst Gras, dann eine Ähre, dann vollen Weizen in der Ähre. Wenn aber die Frucht es zulässt, so schickt er sogleich die Sichel, *denn die Ernte ist da.*
>
> Markus 4,26-29, Hervorhebungen vom Autor

Was wir hier erleben, ist wirklich das Reich des allmächtigen Gottes! Jeden Tag streuen wir Samen auf das Land und machen uns auf die Suche nach guter Erde, die vorbereitet ist, ihn mit Freude zu empfangen und Frucht zu tragen. Jeden Tag schickt uns der Herr Menschen, deren Herz bereit ist, das Wort Gottes zu hören und errettet zu werden. Manchmal dauert es viele Monate, bevor die Ernte reif wird, aber mit Geduld und Beständigkeit sendet Gott den Frühregen und den Spätregen vom Himmel, und die Ernte kommt ganz gewiss zur rechten Zeit!

So geschah es mit vielen unserer Bauarbeiter hier bei *Iris Ministries*. Wie die Witwen sind sie Moslems und zeigten zunächst keine Bereitschaft, das Wort Gottes zu hören. Viele von ihnen werden erzogen, Christen zu hassen, und wenn einer aus ihrer Familie konvertiert, wird er oft verstoßen oder sogar gesteinigt. Dennoch predigen wir diesen Arbeitern furchtlos jeden Tag das Evangelium und lassen die kostbare Liebe Gottes durch den Heiligen Geist wirken, bis er ihr verhärtetes Herz erweicht und das Wort Gottes schließlich Einlass findet in ihr Leben. Manchmal dauert es Monate; wichtig ist aber die Gegenwart Gottes in unserer Mitte, und wir sind zuversichtlich, dass Gott durch seinen Geist wirken kann, um die Erwählten in sein Reich zu berufen.

Mit dieser Zuversicht warten wir immer gespannt darauf, dass die Ernte reif wird. Und diese geistliche Ernte reifte nun tatsächlich in derselben Woche heran wie die natürliche Ernte der Witwen! In einem Gottesdienst kamen dreißig bis vierzig Arbeiter beim Aufruf zum Altar vor, um ihr Leben Jesus Christus zu geben und sich dem König der Gerechtigkeit ganz auszuliefern. Jeder von ihnen wusste von den möglichen Konsequenzen eines öffentlichen Bekenntnisses zum Glauben an Christus, aber sie kennen auch alle die große, übernatürliche Freude, die Gott in ihr Herz gepflanzt hat – die sie nicht erklären können und die ihnen vom Gott der Moslems, dem sie bis dahin gedient hatten, nie gegeben wurde. Die Ernte ist wahrhaftig gekommen, und es ist etwas Kostbares, ihre Frucht zu genießen!

Treffen in Nampula mit *Global Awakening*

Später in eben der Woche kam ein Team des Dienstes von Randy Clark, *Global Awakening*, zu einem viertägigen Einsatz nach Nampula, einer Stadt sechs Stunden LKW-Fahrt südwestlich von Pemba. Das Gebiet von Nampula ist eine Moslemhochburg; immer noch herrscht dort bitterer Mangel am Licht des Evangeliums. Zwei Nächte vor der Abfahrt fragte mich das Team, ob ich mit ihnen kommen würde, um zu übersetzen und ihnen zu helfen, die Kultur und die Menschen, denen sie dienen wollten, besser zu verstehen. Einige Wochen lang hatte ich schon darüber gebetet, ob ich an diesem Einsatz teilnehmen sollte, aber ich wartete darauf, dass der Herr mir das Geld und eine offene Tür vom Himmel dafür gab. Und siehe da, das Team bestand auch darauf, die Kosten für meine Unterkunft und Verpflegung in dem Hotel, in dem sie untergebracht sein würden, zu übernehmen, und so fuhr ich um sechs Uhr früh ab nach Nampula.

Die Nampula-Konferenz war eine Konferenz im typischen *Iris*-Stil. Wir schickten LKW in die entferntesten Regionen der Provinz und holten die Armen, die Gelähmten und die Gebrochenen her; wir luden sie ein zum Festessen am Tisch des Herrn zu kommen und zu essen. Auch unsere Pastoren holten wir per Lastwagen aus der ganzen Provinz herbei, um sie im Wort Gottes zu stärken und zu ermutigen. Drei Tage lang kamen immer mehr Leute aus den entferntesten Gegenden, um das gesalbte Wort in der Predigt zu hören und um sich an den mosambikanischen Grundnahrungsmitteln Reis und Bohnen gütlich zu tun. Wenn Randy, Heidi und das Team predigten, gaben Hunderte von Moslems Christus ihr Leben, und viele wurden von Krankheiten und Gebrechen geheilt. Zwei Taubstumme hörten zum ersten Mal im Leben, als Heidi für sie betete, was unter den Ortsansässigen, die wussten, dass diese beiden vorher weder hatten hören noch sprechen können, große Begeisterung hervorrief. Es war eine tolle Zeit für alle, weil das Reich Gottes wieder einmal fassbar wurde und ein gebrochenes Leben nach dem anderen veränderte.

Für mich war es das Highlight, dass Heidi mich jeden Nachmittag mit dem *Global Awakening*-Team den Kinderdienst leiten ließ. Schätzungsweise drei- bis vierhundert Kinder kamen aus der ganzen Gegend, um mit uns zu spielen und Spaß zu haben und das Wort Gottes in der Predigt zu hören. Das Team gab sich selbstlos an die Kinder hin, sie spielten Staffellauf mit ihnen und Spiele wie „Fischer, Fischer, wie tief ist das Wasser“ oder „Gack-gack, Gans“ (bzw. in diesem Umfeld, weil es hier keine Gänse gibt, „Gack-gack, Huhn“!) Es war wahrscheinlich das erste Mal, dass diese Kinder mit Erwachsenen zusammen spielten und von ihnen Spaßiges und Spiele lernten, statt wie üblich einfach ungebunden mit den Altersgenossen herumzulaufen. Die Kinder waren ausgehungert nach Liebe, und ich staunte, wie hilfreich solche einfachen Spiele waren, um ihr Herz für die Botschaft zu öffnen, die wir ihnen dann predigten.

An beiden Nachmittagen predigte ein *Global*-Teammitglied, und ich übersetzte ins Portugiesische, während ein Pastor aus der Gegend zusätzlich in die örtliche Makua-Sprache übersetzte. An beiden Nachmittagen folgte auf die einfache Botschaft ein ebenso einfacher Aufruf zur Bekehrung, und natürlich hoben viele die Hand und gaben ihr Leben Jesus. Kinder verstehen es einfach zu glauben, ohne Zweifeln oder Analysieren. Sie empfangen das Evangelium vom Reich Gottes auf beispielhafte Weise, ohne es komplizierter zu machen, als es ist. Hier bei *Iris Ministries* habe ich gelernt, dass wir beim Predigen des Evangeliums zuerst zu den Kindern gehen sollten (besonders zu den Waisen), denn sie sind dem Herzen Gottes ganz nah. Oft meinen Menschen, die versuchen Missionsarbeit zu untersuchen, es lohne nicht, vor Kindern zu predigen, weil sie nicht gebildet sind und deshalb wenig Einfluss in ihrer Nation haben würden, wenn sie sich bekehren. Die Kinder in Mosambik beweisen so häufig, dass diese Theorie nicht stimmt; mit ihrem kindlichen Glauben werden sie oft die besten Evangelisten und erzählen ihrer ganzen Familie und Gemeinschaft von Christus. Viele Erlösungen und sogar Heilungen erwachsen aus dem einfachen Dienst dieser Kleinen.

Zum Abschluss der Konferenz weihten wir das kürzlich erworbene Stück Land neben der Kirche als Gelände für ein neues Haus für die Waisenkinder aus Nampula ein. Der Herr hat unserem Provinz-Pastor Tanueque ein riesiges Vaterherz geschenkt, und ohne dass wir davon wussten, hatte er schon viele Monate gebetet, der Herr möge für die Kinder, um die er sich bereits kümmerte, ein Waisenhaus schenken. Als Heidi ankündigte, dass sie das Land kaufen wollte, war er außer sich vor Freude. Der Herr hatte seine Gebete erhört. Pastor Tanueque ist ein mächtiger Mann Gottes. Er und seine Frau Florinda haben insgesamt sieben Tote auferweckt. Ständig reist er durch das ganze Land und predigt jede Woche in anderen, unerreichten Dörfern. Dennoch bewirkt der Herr in seinem Herzen eine Sanftmut und Liebe zu den Armen, die sich täglich gegenüber den Gebrochensten, Verlorensten und den Sterbenden erweist. Er ist ein Beispiel für einen Gott ganz hingegeben Liebenden und ein großartiges Licht für die dunkelsten Ecken der Provinz Nampula und für ganz Mosambik. Halleluja!

Der reine Gottesdienst

> Ein reiner und *unbefleckter* Gottesdienst vor Gott und dem Vater ist dieser: Waisen und Witwen in ihrer Bedrängnis zu besuchen, sich selbst *von der Welt unbefleckt* zu erhalten.
>
> Jakobus 1,27, Hervorhebungen vom Autor

Was ist ein reiner Gottesdienst? Was ist reines Christsein? Was ist reine Liebe? Worum geht es in diesem Leben überhaupt? Geht es darum, wie viele Menschen wir zu Jesus geführt haben oder wie viele Kirchen wir gegründet haben oder ein wie guter Mensch wir sind? Oder geht es darum, so sehr im Herzen unseres herrlichen, ewigen Gottes der Liebe verborgen zu sein, dass wir ganz aufgelöst sind in ihm, dass nicht mehr wir selber leben, sondern Christus in uns?

> Und der König wird antworten und zu ihnen sagen: Wahrlich, ich sage euch, was ihr einem dieser meiner *geringsten Brüder* getan habt, *habt ihr mir getan.*
>
> Matthäus 25,40, Hervorhebung vom Autor

Der Grund, warum ich in Afrika bin, der Grund, weshalb ich hierherkam, um Rolland und Heidi hier bei *Iris Ministries* zu helfen, der Grund, warum ich lebe, ist einzig dieser: damit ich lerne zu lieben, wie Jesus liebte. Jeden Tag begegnet mir Jesus auf unerwartete Weise. Manchmal ist er ein Waisenkind auf der Suche nach Liebe und bedingungsloser Annahme; manchmal ist er eine Witwe, die verzweifelt um einen einfachen Job bettelt, damit sie das Allernötigste für ihre hungernden Kinder besorgen kann; manchmal ist er noch ein weiterer verlorener und gebrochener Mensch, der schlicht eine Umarmung braucht und jemanden, der ihm zuhört; aber jeden Tag erlebe ich ihn auf eine neue Weise.

Ja, wir sehen jede Woche Hunderte Moslems zu Jesus kommen; ja, wir sehen viele, viele Kranke durch die Kraft des Heiligen Geistes geheilt werden; ja, wir sehen das Reich Gottes in Kraft zu den dunkelsten und gefährlichsten Orten in Mosambik vordringen. Aber am Ende ist das Wichtigste immer die *Liebe*! Ich versuche, auf alle mögliche Weise zu lernen, Christus ähnlich zu sein, und jeden Tag sehe ich, dass Christus schon in mir ist und sich so gern durch mich zeigen und der verlorenen und sterbenden Welt in meiner Umgebung bekannt machen möchte. Er ist glücklich, meine Hände zu benutzen, um für die Kranken zu beten, meine Arme zu gebrauchen, um die Waisen liebevoll in den Arm zu nehmen, und meine Füße, um ohne Zögern überall hinzugehen und jedem, dessen Herz von Gott auf die Gute Nachricht vorbereitet wurde, das Evangelium vom Reich Gottes zu predigen.

> Denn in Christus Jesus hat weder Beschneidung noch Unbeschnittensein irgendeine Kraft, sondern der *durch Liebe wirksame Glaube.*
>
> Galater 5,6, Hervorhebung vom Autor

Was ist durch Liebe wirksamer Glaube? Folgendes: einfach in Jesus ruhen, seine köstliche Gegenwart durch sich fließen lassen und den Menschen um sich herum dienen, die verloren sind, sterben und verzweifelt nach Gott suchen. Daran glauben, dass das, was Jesus für uns am Kreuz vollbracht hat, genug Ausrüstung und Kraftquelle ist, um mitten in einer betrügerischen und verdorbenen Generation ein helles Licht sein zu können. Sein Leben niederlegen, damit das Reich Gottes zu den Gebrochenen, den Verlorenen, den Sterbenden und den Schwachen kommen kann. Geschichte verändern, Mensch für Mensch! Halleluja!

Herzliche Grüße in Jesus
Erik Shipley

Hunger unter den Menschen

Von Heidi: 28. Juli 2006, 22.04 Uhr

Tausende rannten zur Landebahn im Busch, Staubwolken wirbelten auf, Kinder lachten und sangen. Rolland landete unsere kleine Cessna auf der holperigen Wiese. Die Freude kennt kein Ende! Der Hunger der Menschen erfreut Jesu Herz. Aus ganz Malawi kamen Menschenmassen, um den Einen, Wunderschönen anzubeten. Tausende kamen, um Jesus zu begegnen und geheilt zu werden. Ich rief alle Tauben auf die wackelige Bühne, damit sie geheilt würden. Alle zwölf, die nach vorn kamen, bekamen auf wunderbare Weise die Fähigkeit zu hören. Welch eine herrliche Zeit, in der wir leben! Während jedes Einsatzes scheint Jesus mit seiner Liebe und Herrlichkeit auf die Menschen. Im Norden von Mosambik gründen wir mit einer erstaunlichen Geschwindigkeit weitere Gemeinden. Die Missionsstudenten aus fünfzehn Ländern haben sich unseren mosambikanischen Pastoren und Kindern angeschlossen, so dass wir vier Einsätze pro Woche machen können. Tausende von Moslems übergeben ihr Herz an Jesus.

Wir glauben, dass Gott immer mehr Durchbrüche im Heiligen Geist geben wird. Die Liebe hört niemals auf. Wir lassen nicht nach in unseren Bemühungen um immer größere Liebe untereinander.

Bitte betet weiter für uns.

Herzliche Grüße in Jesus
Heidi

Seine Gnade reicht für uns

Von Heidi: 17. Juli 2006, 20.55 Uhr

Danke für eure Liebe und Gebete. Ich schätze es so sehr, dass ihr mit uns in Kontakt bleibt. Gott hat seinen Heiligen Geist so wunderbar auf uns ausgegossen. Jede Woche rufe ich beim Einsatz die Tauben nach vorn, und jede Woche wird jeder Taube, der vorkommt, geheilt! Ich liebe es, die Gesichter in der Menge voller Freude aufleuchten zu sehen, wenn die Menschen erleben, wie Jesus Wunder tut. Das Dorf kommt zum Herrn, und in der Woche darauf gründen wir eine Gemeinde.

Mitten in solch einer Ernte erlebten wir in den letzten paar Wochen einen heftigen geistlichen Kampf. Einige meiner älteren Mitarbeiter im Süden und ich wurden mehrfach mit Mord bedroht. Unter manchen der eifersüchtigen Leiter hatte sich Zauberei eingeschlichen, deshalb fasteten wir gemeinsam. Auch unsere prachtvollen Kinder fasteten und beteten. Am Montag zerbrach etwas im Geistlichen. Es wurde viel Buße getan, und am Ende stand Einheit. Wir sind im Heiligen Geist an einen neuen Ort gekommen. Es gab Visionen und Worte von den Studenten und Pastoren. Gott sandte eine reinigende Welle seines Heiligen Geistes.

Jesus erinnert mich daran, dass seine Gnade uns genügt, denn seine Kraft kommt in Schwachheit zur Vollendung (2. Korinther 12,9). Wenn wir genug von der Liebe Jesu haben, können wir jeden Sturm bestehen. Die Liebe Jesu Christi bewirkt, dass wir uns ohne Unterlass hingeben. Ich schließe mit einem Lieblingszitat des heiligen Franziskus: „Jeder von uns ist, was er in den Augen Gottes ist, nicht mehr, nicht weniger. Wir alle wurden im Bild Gottes geschaffen, um zu lieben und geliebt zu werden."

Herzliche Grüße in Jesus
Heidi

Lebensprinzipien: Essenszeit!

Es war einmal ein kleiner Junge, der hatte etwas zu essen für unterwegs dabei – ein wenig Brot und Fisch. Er gab es Gott hin und erlebte ein großes Wunder (Johannes 6,2). Jesus war umgeben von hungrigen Menschen und er musste ihnen zu essen geben. Dieses Kind konnte nur einen geringfügigen Beitrag leisten, aber genau den nahm Jesus von ihm, und Gott vermehrte ihn überreichlich.

Darüber habe ich nachgedacht. Wenn du Gott wärst: Es ist doch wirklich nicht nett, einem Kind seinen Proviant wegzunehmen, oder? Aber hier ist nun Jesus, wie er genau das tut. Kinder essen doch gern, nicht wahr? Die meisten wären ganz schön aufgebracht, wenn man ihnen ihr Lunchpaket wegnehmen würde.

Aber hier ist eine Menschenmenge, und Jesus hat ein Problem. Es sind ungeheuer viele, die Hunger haben und zu essen bekommen wollen. Ich kann mir die Szene gut vorstellen – kürzlich hatten wir eine Konferenz im Busch, zu der zwölftausend Menschen zusammenkamen. Sie waren völlig ausgezehrt, geistlich wie körperlich. Viele von ihnen waren drei Tage lang ohne Essen gewandert, um zur Versammlung zu kommen. Sie waren barfuß durch krokodilverseuchte Wasser gewatet. Sie haben vier oder fünf Tage lang im Freien auf der Erde geschlafen, ohne Matten, ohne Decken, weil sie sich so verzweifelt danach sehnten, von Gott angerührt zu werden. Und Gott würde sie nicht im Stich lassen.

Zweifellos hat Jesus sich umgesehen, dieses kleine Kind mit seinem Lunchpaket erblickt und gedacht: „Ich kann ihn gebrauchen." In vielerlei Hinsicht sind wir wie dieses Kind. Wir sind nichts Besonderes, menschlich gesprochen, aber in Gottes Augen sind wir absolut wunderbar. Er kann Großes mit uns tun, wenn wir bereit sind, mit ihm zusammenzuarbeiten. Aus Gottes Händen kann dein kleines Lunchpaket eine Menschenmenge satt machen!

Aber hör zu: Wir dürfen nicht mehr auf unseren Vorrat schauen (der ja doch ziemlich armselig wirkt), sondern müssen auf Gott sehen! Hör auf, deine begrenzten Ressourcen zu betrachten, und richte deinen Blick auf den Einen, der sie vermehren kann. Hör auf, auf dein Leben zu sehen und zu denken, wie unbedeutend es aussieht! Gib es Gott hin, völlig, total, komplett, und erlaube ihm, es zu vermehren.

Die meisten Menschen denken: „Das ist zu einfach." Sie sind es gewohnt zu sagen: „Sieh mich doch an!", weil sie meinen, ihr Fall sei einzigartig – sie seien irgendwie auf einzigartige Weise disqualifiziert, Gott zu dienen, und würden nie erleben, dass er durch sie Wunder wirkt. Doch wenn du sagst: „Sieh mich doch an!", erwidert Gott immer: „Sieh *mich* doch an!"

Als Gott in meinem Leben wirkte und mir beibrachte, in seiner Gegenwart zu leben, habe ich irgendwann aufgehört, auf mich zu sehen. Jetzt will ich nicht mehr auf mich sehen, weil ich mich *kenne*! Stattdessen begann ich mich an dem verborgenen Ort Gottes aufzuhalten, wo mein Sinnen und Trachten immer auf ihn und nicht auf mich ausgerichtet ist. Ich wurde so überwältigt von dem, wer Gott ist, dass ich ganz aufhörte, mich über „mich" zu sorgen.

Jetzt wollte ich meinen Blick auf seine Schönheit gerichtet halten, seine Herrlichkeit, seine Heiligkeit, darauf, dass er allein genügt! Ich sagte quasi zu Gott: „Du willst mein Mittagessen? Hier, nimm es! Es ist wenig und unbedeutend, und ich weiß nicht, was du damit anfangen könntest, aber bitte schön!"

Rate, was Gott mit meinem Lunchpaket gemacht hat! Er gründete sechstausend Gemeinden in fünf Jahren. Ihm gebührt alle Anerkennung und Ehre dafür, nicht mir. Es hat nichts mit mir zu tun! Ich übergab dem Meister einfach nur das, was ich hatte, und er wirkte ein Wunder.

Ich glaube, wenn jener kleine Junge etwas von Jesus zurückgehalten hätte, hätte er vielleicht ein Wunder verhindert. Das ist natürlich nur eine theoretische Überlegung. Ebenso können wir nichts von Gott zurückhalten. Man kann sein Leben nicht aufteilen und Gott ein bisschen geben und einen Teil für sich selbst zurückhalten, nur für den Fall, dass er nicht auftaucht. Es geht um alles oder nichts! Bei Gott gibt es keine halben Sachen. Du musst dich ganz und gar auf ihn werfen und nichts zurückhalten. Dann kann er mit deinem Leben Wunder wirken. Dann kann er tun, was nur er tun kann.

Gib ihm also bitte deinen „Proviant", dein Leben! Warum willst du denn daran festhalten? Vergiss nicht, Gott kann alles mit jedem wirken.

„Hunger unter den Menschen“

1. Luftansicht unserer Bibelschule in Banula in Malawi

2. Kochen für unsere Malawi-Konferenz

3. Die Armen und Verzweifelten Malawis schreien zu Gott

4. Unsere Nationalleiter von Malawi beten in Bangula an

Kapitel 13

Ihm vertrauen

August bis September 2006

Von Heidi

21. September 2006, 0.00 Uhr

Es tut immer gut von euch zu hören. Freunde sind unsere größten Schätze auf dieser Welt. Ich weiß es wirklich zu schätzen, dass ihr für mich betet. Mir ist klar, dass ich ohne Gebet in Mosambik nichts erreichen könnte. Ich liebe das, was Gott hier wirkt, aber in der letzten Zeit war es in finanzieller Hinsicht ausgesprochen schwierig. Ich glaube, Gott lässt magere Phasen zu, damit er jede Haltung, die ihm keine Freude bereitet, verändern kann. Das Erstaunliche ist, dass es jeden Tag auf irgendeine Weise Essen gibt. Wir dienen einem so treuen Gott!

Das Highlight des Monats war für mich der Aufenthalt in einem weit entfernten Lehmhüttendorf. Wir weihten zwei unserer neuen Gemeinden in Nacaca und Kampin ein. Die Dorfbewohner führen ein einfaches Leben und haben fast keinen Kontakt nach außen. Mit dem, was sie ernten, treiben sie um alles Handel, was sie zum Überleben brauchen. Es gibt keine medizinische Versorgung, kein fließendes Wasser, keinen Brunnen, keinen Strom, keine Geschäfte. Diese schönen Menschen hatten, bevor unsere Teams kamen, nie Zugang zum Evangelium gehabt. Die alten Frauen dieses Stammes schmücken sich mit schwarzen Holzringen unter der Nase. Welch eine Freude zu sehen, wie Kinder und Dorfälteste Jesus mit uns in unserer neu geweihten Lehmkirche anbeteten! Der Staub wirbelte hoch, als wir auf dem bloßen Erdboden tanzten und Gott dankten, dass er uns einen Ort für seine Anbetung gegeben hat. Wir besuchten einige Häuser des Dorfes, um für die Kranken zu beten. In einem Haus lag ein Mann im Sterben, er konnte kaum laufen. Nachdem wir für ihn gebetet hatten, strahlte er vor Freude, marschierte zu unserem Fest und verkündete seine Heilung! Ein Mann, für den wir in seiner Hütte beteten, war von früher Kindheit an taubstumm gewesen. Er und seine ganze Familie war hellauf begeistert, als Jesus seine Ohren auftat. Auch eine alte Großmutter lachte herzlich, weil sie nach Jahren fast völliger Stille wieder hören konnte.

Jetzt muss ich fort zu einem anderen weit entfernten Dorf. Danke, dass ihr hinter uns steht.

Herzliche Grüße in Jesus
Heidi

Über Nacht im Busch

27. September 2006, 0.00 Uhr

Dorfeinsätze sind *Iris* in Reinkultur. Sie sind der Kern unserer Tätigkeiten. Hier begegnen wir den Armen, den abseits Wohnenden, den vergessenen verlorenen Schafen der Welt. Hier scheint das Evangelium tief in die Dunkelheit und sieht sich direkt gegenüber menschlichen Schwierigkeiten und all der Verzweiflung und dem Schaden, den Satan und seine Dämonen wirken können. Unsere Provinz Cabo Delgado, von Missiologen als unerreicht und unerreichbar eingestuft, war ein Land des

Synkretismus und der Zauberei, bekannt für seinen Widerstand gegen das Evangelium. Aber die Kraft des Heiligen Geistes überwindet die Dunkelheit, Dorf für Dorf, und heute Abend machen wir einen neuen Vorstoß.

Unser Team aus Mitarbeitern und Besuchern wird in drei Laster verfrachtet. Nach einem typisch intensiven Tag voller Treffen und Arbeit fangen wir an, unser Zeug zusammenzupacken. Wir brauchen Zelte, Schlafsäcke, Moskitospray, Taschenlampen, Trinkwasser und nur das Allernötigste an persönlichen Dingen, damit wir über Nacht bleiben können. Ein mosambikanisches Team ist schon vorausgefahren mit unserer Verstärkeranlage, einem Generator, mit Leinwand und Projektor für den Jesus-Film.

Wir haben alles gepackt und geladen, müssen aber noch tanken, und es dauert eine Weile, bis wir eine Tankstelle mit funktionierendem Kompressor gefunden haben, um die Reifen aufzupumpen. Fahrzeugwartung ist eine riesige Herausforderung in unserer sehr abgelegenen Stadt Pemba. Die Sonne ist schon fast untergegangen, und wir fahren Richtung Süden auf unserer einzigen geteerten Fernverkehrstraße, immer wieder unterbrochen von Kontrollposten der Polizei.

Im Dunkeln geht es weiter. Die Luft kühlt ab. Hinter den Wolken taucht der Mond auf und wirft einen schwachen Silberschein auf die vereinzelten Dörfer aus strohgedeckten Lehmhütten entlang der schmalen Straße. Ohne Elektrizität wirken sie geisterhaft still und verlassen, außer wenn hier und dort Kinder (und manchmal Hühner) im Licht unserer Scheinwerfer über die Straße rennen …

Dann drehen wir nach Osten ab und nehmen einen Lehmweg, der sich um Bäume, Gräben und Buschwerk herum windet, durch Rinnen und Löcher, was uns wieder einmal schätzen lässt, dass unsere Landrover eine so gute, verstärkt ausgelegte Federung haben. Hier sind wir wirklich weit vom Schuss, weit weg von Lichtern und Telefonen, Geschäften und Tankstellen. Wir fühlen uns allein in der schattigen Nacht, tief im afrikanischen Busch. Wer könnte hier draußen auf uns warten?

Schließlich tauchen weitere Lehmhütten und eine Lichtung auf. Wir fahren langsamer und bahnen uns vorsichtig unseren Weg zwischen Hütten, lenken scharf hin und her und weichen tiefen Löchern aus. Dann plötzlich, nach einer Kurve, sehen wir die Versammlung. Hoch über der Menge hängt die Leinwand, über die die leuchtenden Bilder des Films flimmern. Köpfe zeichnen sich silhouettenartig gegen die Leinwand ab, auf der ein Mann zu sehen ist, der die Aufmerksamkeit aller erregt. Die Stimme spricht deutlich, weithin vernehmbar in der Abendluft. Auch in diesem Dorf lauschen alle Einwohner dem Meister, hören seine Worte in ihrer eigenen Sprache, Makua. Sie sind nicht vergessen. Die Frohe Botschaft ist angekommen.

Nach dem Film predigt Heidi mit ganzer Kraft, direkt in ihre Herzen, und zwar auf Makua, das sie gelernt hat. Jeder reagiert, alle drängen sich um die Bühne, die flache Lieferfläche unseres Mazda-Trucks. Sie springen und tanzen, umgeben von Staubwolken, die von unseren Flutlichtern erleuchtet werden. Sie schreien und rufen. Und sie demütigen sich und beten, bitten ihren unglaublich großen und barmherzigen Erlöser, sie in jeder Hinsicht zu retten. Es gibt keinen Widerstand, keine Zurückhaltung, keine Gleichgültigkeit. Sie haben erkannt, viele zum ersten Mal im Leben, was Liebe ist, und sie können nicht genug bekommen.

In diesem Dorf sind wir schon einmal gewesen und haben hier bereits eine Gemeinde begonnen. Dennoch ist unser neuerlicher Besuch heute Abend ein riesengroßes Ereignis. Diese isolierten, ungebildeten Baby-Gläubigen fühlen sich mit der Außenwelt verbunden, und sie fühlen sich sehr geliebt und ermutigt, weil Gott all diese Besucher aus der ganzen Welt in ihr eigenes Dorf sendet! Es wird spät. Unser Team, zu dem auch einige von unsren Kindern aus dem Zentrum in Pemba gehören, ist gut damit beschäftigt, für jeden Hungrigen, jeden Bedürftigen, der zu ihnen kommt, zu beten. Das Singen und die Zeugnisse dauern bis in die Nacht.

Im Dunkeln schlagen wir im Licht der Taschenlampen unsere Zelte auf; wir finden Platz in einem kleinen eingezäunten Hof, einem gefegten Lehmboden zwischen den Hütten. Die Nacht ist kühl. Fern von Lichtern und Verschmutzung strahlen die ungewohnten Sterne der südlichen Hemisphäre hell am Himmel. Bald schlafen wir – bis das Trommeln beginnt. Bis vier oder fünf Uhr morgens versuchen die Medizinmänner des Dorfes mit ihrem Singsang und Trommeln zu unterminieren, was wir im Geistlichen auf ihrem Terrain bewirkt haben.

Wir wachen mit den Hühnern auf und putzen uns die Zähne mit Wasser aus Flaschen. Die Gitarren werden hervorgeholt, und über den strohgedeckten Dächern erklingt sanfte Anbetungsmusik. Das Dorf hatte noch nie solche Besucher oder solch einen Anlass zum Feiern gehabt. Heute weihen wir die neue Kirche ein, stolz erbaut aus Stroh und Lehm, mit *Iris*-Taube und Regenbogen über dem Eingang. Alle kommen zusammen, jung und alt. Kinder hüpfen vor Begeisterung. Mama Eida ist hier und erweist ihnen die Ehre. Wir alle drängen uns um die Eingangstür und beten von ganzem Herzen, dass Jesus diesen heiligen Ort mit seiner Gegenwart erfüllen und sein Reich bauen möge durch jeglichen Dienst, der von ihm ausgeht. Strahlend schneidet Heidi das Band durch, und alle schreien laut vor Freude. Wir strömen ins Innere und bald fliegt wieder der Staub, weil wir alle singen und tanzen mit einer Intensität, die es nur in Afrika gibt.

Wir lehren, wir beten, wir legen den Pastoren Hände auf. Einige werden überwältigt von der Kraft Gottes und gehen heftig zitternd zu Boden, unter Tränen und voll übernatürlicher Freude. Unsere Ausrichtung ist wie immer Jesus, der Gekreuzigte. Jeden weisen wir auf das Kreuz hin. Wir sind hier, um Glauben zu vermitteln, ohne den all unser Tun umsonst wäre. Jesus allein macht den Unterschied. Und wieder gibt es keinen Widerstand. Die Medizinmänner machen keinen Ausfall gegen das Wirken des Geistes.

Wir fangen an zusammenzupacken, um in einem anderen Dorf zu predigen, bevor wir nach Pemba zurückkehren. Aber zunächst werden uns zwei Kinder gebracht. Ihre Mutter ist gestorben, und ihr Vater ist taub und kann nicht für sie sorgen. Können wir sie in unser Kinderzentrum mitnehmen? Erst wollen wir zu dem Vater gehen und mit ihm besprechen, ob das auch in seinem Sinn ist. So treffen wir uns mit ihm, und natürlich betet Heidi für seine Ohren. Plötzlich, genau hier in der hellen Sonne, vor den Dorfältesten und allen Leuten, die dabeistehen, heilt Jesus den Vater und er kann hören! Jubelrufe klingen auf. Der Vater strahlt und ist überglücklich (siehe Foto!). Jetzt ist alles anders. Der Vater kann wieder arbeiten und sich zu Hause um seine Kinder kümmern. Und die Kinder können bei ihrem Vater in ihrem eigenen Dorf bleiben, und ihre ganz eigene Heimatgemeinde besuchen. Noch ein großartiger Tag im Busch …

Wir packen, laden unser zusätzliches Gerät auf die Dachgepäckträger und legen ein paar weitere Meilen auf ruckeligen Lehmwegen zurück, um zu einer anderen unserer neuen Dorfgemeinden zu gelangen. Wieder teilen wir alles, was wir können, mit einer isolierten *Iris*-Familie von

Gläubigen draußen im Busch und bitten den Heiligen Geist, über ihnen zu wachen und sie im Herzen Jesu tief verwurzelt zu halten. Sie sind begeistert. Am späten Nachmittag sind wir wieder in Pemba, im Geist reicher als je zuvor. Der Herr der Ernte sende noch viel mehr Teams in den afrikanischen Busch …

Auf diese Weise verbreitet sich das Wort Gottes in der Provinz Cabo Delgado, Dorf für Dorf, Wunder für Wunder. Die Armen und Niedrigen verweigern ein so großes Heil nicht. Sie wollen nicht ohne Jesus leben, der sich ihnen als der Gott ihrer tiefsten Sehnsüchte erwiesen hat und als der Einzige, der sie befreien kann.

Wir heißen alle unsere Besucher und Missionsschüler willkommen, die aus der ganzen Welt zu uns kommen. Die Nöte sind riesengroß, nicht nur in Mosambik, sondern in ganz Afrika. Wir expandieren nach Zentral- und Nordafrika, besonders in die Demokratische Republik Kongo und den Sudan, und in Bezug auf Glauben, Finanzen und Mittel sind wir immer hart am Limit. Wir haben eine Vision, nämlich noch viele Tausende Kinder aufzunehmen. Der geistliche Kampf ist heftig, und wir bitten euch, mit uns um einen starken Engels-Schutzschild zu beten.

Tief bewegt und dankbar sind wir für eure Großzügigkeit und das Interesse, das so viele an einer Mitarbeit bei uns bekunden. Beim Aufbau unserer Infrastruktur und dem verstärkten Aussenden von Missionaren in der ganzen Welt können wir beinah jede Begabung, Fähigkeit und Menschen aus jedem Hintergrund gut gebrauchen. Danke, dass ihr uns liebt, für uns betet, uns unterstützt und mit uns gemeinsam über unseren Gott begeistert seid! Wir lieben unsere Familie in Jesus!

In seiner großen Liebe
Rolland

Ihm vertrauen

… den ihr liebt, obgleich ihr ihn nicht gesehen habt; an den ihr glaubt, obwohl ihr ihn jetzt nicht seht, über den ihr mit unaussprechlicher und verherrlichter Freude jubelt …

1. Petrus 1,8

Glauben und Freude sind seltene Güter unter uns, aber unaussprechlich wertvoll und kostbar. Wie merkwürdig, dass wir uns in unseren Versammlungen auf anderes ausrichten, statt auf Glauben und Freude! In ihm ist unser Heil vollkommen, und wir ehren unseren Gott, indem wir keine Abstriche davon machen, dass das Evangelium vollends genügt. Im Glauben weicht unsere Verzweiflung unermesslicher Gerechtigkeit, Frieden und Freude im Heiligen Geist! Das vollkommene Vertrauen auf unseren Erlöser ist die Substanz unserer Vertrautheit mit ihm, und keine Selbstverdammnis oder Schwäche kann unserer innigen Liebesbeziehung mit unserem Gott Abbruch tun.

Wir vertrauen darauf, dass Jesus uns von uns selbst errettet. Wir vertrauen ihm, dass er in und durch uns Initiative ergreift. Alle klugen Ideen kommen von ihm, und er hat keinen Mangel daran! Wir sind vollkommen freigesetzt von jeglichem Druck. In seinem Reich gibt es keine Nötigung.

Aber wenn wir so völlig hilflos sind ohne ihn, wie kann er dann noch die Gemeinschaft mit uns genießen? In Jesus sind wir die Krönung alles dessen, was er in seiner schöpferischen Macht erreicht hat. Die größte Freiheit finden wir an dem Punkt, an dem er die völlige Kontrolle hat, wo sein Geist uns freisetzt, das Vollkommene, das spektakulär Herrliche zu tun. Wir und unser Leben sind das Feld der Aktivitäten seines Sinnens und Trachtens, was wir nie unterschätzen sollten. Wir sind das Ergebnis und die Substanz seiner Freude. Durch seinen Geist haben wir teil an seinen Freuden, schmecken wir die Vollkommenheit der Beziehung, die nur aus seiner unendlichen Vorstellung erwachsen konnte. Er freut sich an seinen eigenen Werken, und das ist unsere Freude in ihm. Unser Gott ist vollkommen!

Auf unserer Reise in die himmlische Heimat durchlaufen wir immer wieder einmal Phasen von Buße und Tränen, aber die sind nicht unser Bestimmungsort. Wir halten aus um der Freude willen, die vor uns liegt, Jesu eigene Motivation (Hebräer 12,2). Wir sind bestimmt für die Heimat der Gerechtigkeit, wo jede Träne abgewischt wird.

Und so behalten wir in Afrika auf wunderbare Weise eine positive Sicht im Angesicht des Furchtbarsten, was Satan fertigbringt. Wir erniedrigen uns in Demut und Zerbruch, nur um uns in der Freude des Herrn zu erheben, mehr als Überwinder durch ihn, der uns geliebt hat. Indem wir uns an unserem Gott erfreuen, schlagen wir den Feind in die Flucht. Indem wir hinter dem kostenlosen Geschenk der Heiligkeit her sind und uns der Verdammnis widersetzen, finden wir jeden Grund, unbeschwert zu sein.

So viel bleibt zu tun unter den Armen und Verlorenen. So viel Leid und Krankheit gibt es noch. Aber ein versagender Glaube hilft nicht, uns der Realität zu stellen. Statt auf die Schwierigkeiten zu sehen, wollen wir viel lieber feiern, was Jesus als Nächstes unter uns tut. Kaum je passiv, laufen wir das Rennen in ihm und halten fest an der Verheißung des Evangeliums in all seiner Herrlichkeit. Wir bleiben mit dem Haupt verbunden, halten sorgfältig unser Gleichgewicht und lernen Gutes von Bösem zu unterscheiden.

Wenn wir niedergeschlagen und müde sind, stärken wir uns selbst und gewinnen unsere Freude wieder, indem wir all unseren Glauben neu auf ihn allein richten. Wir ziehen uns in sein Herz zurück, den sicheren Ort unter seinen Flügeln, die Felsenfestung. Wir können nicht verlieren. Wir werden nicht zuschanden werden. Wir werden sehen, wie das Heil des Herrn sich ausbreitet in den instabilsten, gewalttätigsten und unkontrolliertesten Gegenden Afrikas. Jesus weiß sich zu verherrlichen und für seinen eigenen Ruf zu sorgen. Es ist unaussprechliche Gnade, dass wir an seinem Wirken Anteil haben können. Und dann werden wir zu neuer Gnade und frischer Motivation erweckt, wenn wir nie von ihm und dem Leben lassen, das vom Weinstock in die Reben fließt.

Immer wieder haben wir in unseren Rundbriefen eingeladen, sich unserer Mission anzuschließen. Das tun wir nicht aus Verzweiflung, sondern in Glauben und Liebe. Es ist dein eigener Vorteil, dem Evangelium zu gehorchen, aus freien Stücken und mit großer Freude, und gewaltige Frucht zu tragen. Mögest du seine Stimme deutlich hören und mit seiner Energie reagieren. In unserer Welt hier in Afrika haben wir große Nöte aller Art, aber wir freuen uns mit einer riesigen Erwartung auf das, was Jesus durch seinen Leib tun will. Wir sind schon überwältigt durch das, was er durch euch alle getan hat, die ihr uns auf so vielerlei Weise helft.

Bitte betet für uns mit Geduld und Glauben. Wir eilen dem Geist nicht voraus, aber wir versuchen, sensibel zu bleiben für ihn, wenn wir in neue Gebiete in Afrika und auf der ganzen Welt vorstoßen.

Herzliche Grüße in Jesus
Rolland

Fotos von Heidi

1. Aufregung vor der Einweihung unserer neuen Dorfkirche

2. Heidi durchschneidet das Band (Schnur!)
zur Eröffnung der neuen Kirche

3. Predigt für die Kinder

4. Unsere neue Gemeindeversammlung

5. Heidi mit „Mamas“ aus der Gegend, geschmückt im mosambikanischen Stil

„Über Nacht im Busch“

Heidi und Pastor Jose mit dem jetzt geheilten, tauben Vater von zwei Kindern

Fazit

Ich bin bei einer *„Catch the Fire"*-Konferenz in den Staaten, plötzlich weit weg von den Lehmhütten und der Armut Afrikas. Und wieder erkenne ich den tiefen Graben zwischen Besitzenden und Habenichtsen. Die Spannung zwischen diesen Gruppen nährt die meisten Konflikte in der Welt heute und ist eine der Hauptherausforderungen der Mission und des Wirkens Gottes auf der Erde.

Aber es geht uns nicht nur darum, eine beträchtliche Unausgewogenheit zu verurteilen. Es geht uns noch nicht einmal einfach um Gemeindewachstum und Verbesserung von Lebensbedingungen. Uns geht es um ein undefinierbares Etwas namens „Erweckung", und zwar in reichem Maß und immer größerer Kraft, die uns entzündet und jeden Aspekt unseres Wesens lebendig macht. Es geht uns um eine Offenbarung Jesu Christi, die die Werke des Teufels zunichte macht, eine Herrlichkeit auslöst, die uns immer wieder über einen souveränen Gott staunen lässt, dem es nicht an Initiative fehlt und den die Grenzen unseres Verständnisses und unserer Vision nicht eingeschränken. Er wartet nicht auf uns, dass wir ihn freisetzen zu wirken, indem wir ihm unsere Erlaubnis erteilen und unsere Anfragen und Ideen unterbreiten, sondern er schenkt uns gnädig seine Vision und Leidenschaft, bis ihn sein eigenes Wirken in uns mit Begeisterung erfüllt!

Im Wissen um seine Souveränität und in der gesunden Furcht des Herrn nehmen wir nichts als selbstverständlich. Wir sind nicht passiv, aber in der Zuversicht, dass das Evangelium Jesu Christi in jeder Situation genügt, laufen wir das Rennen mit Feuereifer, um zu gewinnen. Unter Einsatz allen Glaubens und aller Kraft, die wir bis jetzt haben, streben wir nicht nach Erfolg als Führungskräfte eines Missionsunternehmens, sondern nach der Heiligkeit, ohne die niemand den Herrn sehen wird. Wir streben nach einer unwiderstehlichen Kraft, die nur mit Niedrigkeit, Geduld, Freundlichkeit und einer nicht versagenden Liebe einhergeht.

Wir streben nach einer Gegenwart und Atmosphäre, in der Innigkeit und Reinheit sich vereinen, das radikale Ergebnis von Glauben an die Kraft des Kreuzes. Wir streben nach der Vollkommenheit in Jesus, die zu einer Freude führt, die niemand und nichts in dieser Welt verringern kann.

In Afrika versuchen wir nicht, auf Biegen und Brechen eine Erweckung herbeizuführen und am Laufen zu halten; wir versuchen, mit dem Heiligen Geist Schritt zu halten, der uns vorauseilt und wie ein Lauffeuer Land für Land mit Sehnsucht entzündet. Satan versucht uns auf alle mögliche Weise aufzuhalten, er wirft uns eine Krise nach der anderen vor die Füße, gerade dann, wenn wir meinen, keine weitere Krise mehr ertragen zu können. Wir haben mit aller Art von Korruption zu tun, Unmoral, Diebstahl, Eifersucht, falschen Motiven, Unsicherheit, Morddrohungen – und sogar Zauberei in den eigenen Reihen. Die Verwaltungsarbeit übersteigt die Möglichkeiten unserer wenigen Mitarbeiter bei Weitem. Finanziell gehen wir seit Jahren auf Wasser, so abhängig von Gott, dass wir erledigt sind, wenn wir ihm nicht gefallen und er auch nur einen Tag seine Versorgung zurückhält.

Aber soeben haben die Studenten unserer zweiten *„Holy Given"*-Missionsschule in Pemba ihren Abschluss gemacht. Etwa hundertfünzig Studenten aus fünfzehn Ländern erreichten einen neuen geistlichen Höhepunkt im kulturellen Rahmen der Ärmsten der Armen. Tagsüber badeten sie in der Gegenwart Gottes und der Lehre vieler Sprecher. Abends sahen sie gemeinsam mit unseren mosambikanischen Pastoren auf einer Reihe von Einsätzen mit eigenen Augen, wie Dorf für Dorf zu Jesus findet als Reaktion darauf, dass das Reich Gottes mit nicht zu leugnender übernatürlicher Macht zu ihnen gekommen ist. Immer wieder greifen Häuptlinge unser Mikrofon und sagen ihren moslemischen Dorfbewohnern, sie würden jetzt alle diesem Jesus folgen, der sich als Gott erwiesen hat. Jede Woche benutzt der Heilige Geist Heidi, unsere Kinder, unsere Mitarbeiter und unsere Studenten, um Tauben das Gehör zu schenken, Blinden das Augenlicht und den Verlorenen bleibende Hoffnung.

Besonders Heidi hat eine außergewöhnliche Salbung für Taube, und praktisch bei jedem Einsatz schickt sie die Leute los, um ihre Tauben von überall im Dorf herzubringen, direkt aus ihren Hütten, selbst wenn es spät in der Nacht ist, und sie alle werden geheilt. Jede Heilung bewirkt mehr Aufregung und Freude und Eifer, nun noch mehr von diesem Jesus zu erfahren. Ein Höhepunkt war für uns neulich eine Taufe in Pembas wunderschönem Ozean, als wir einen Mann tauften, der nicht aufhören konnte, von einem Ohr zum anderen zu strahlen, weil er soeben einen großen Teil seiner Sehkraft wiedererhalten hatte, nachdem er total blind gewesen war und die Sonne nicht einmal als ein schwaches Licht hatte erkennen können.

Ein vollkommen blinder Mann, der keinerlei Licht erkannt hatte, wenn er in die Sonne sah, und dem ein Großteil seines Augenlichts auf wunderbare Weise wiedergegeben wurde

Und so bemühen wir uns weiter um das, was vor uns liegt, nicht zufrieden mit dem schon Erreichten, sondern elektrifiziert mit einem Hunger nach Dimensionen der Erweckung, die wir noch nicht begreifen können. Unsere Körper und Nerven lassen uns fast im Stich, aber seine transzendente Kraft trägt uns weiter und hebt uns empor. Unser Vertrauen auf ihn ist ein Geschenk, unser Leben ist ein Geschenk, unsere Freude ist ein Geschenk, unsere Salbung ist ein Geschenk, unsere Initiative ist ein Geschenk. … Wir lieben ihn, weil er uns zuerst geliebt hat. … Wir laufen ihm allein nach, weil er uns nicht im Stich lassen wird. …

Wer will mit uns laufen? Wer wird das Feuer aufnehmen und in nicht nachlassender Leidenschaft und Freude brennen? Wer ist hoffnungslos gefangen vom Nahekommen des Heiligen Geistes und kann nicht widerstehen, sein Leben wegzuwerfen für Jesus? Wo sind seine Narren? Seine Freunde? Wer wird die Welt sehen, wie er sie sieht, und reagieren, wie er reagiert, eines Geistes werden mit ihm? Wer hat Feuer gefangen und kann nicht aufhören zu brennen?

Dringende, hungrige Schreie um geistliche Hilfe erreichen uns jeden Tag – in letzter Zeit aus Simbabwe, Äthiopien, Sambia, Kenia, Tansania, Ruanda und aus Ländern quer durch Europa. Wir sind schwach, oft müde und nicht begeistert von immer noch mehr Verwaltungsarbeit. Aber wir beziehen Kraft aus einer Vision von nicht endender Erweckung, solide auf dem Grund des Evangeliums, das den Christen ein für allemal gegeben ist. Nicht erlernte „Geheimnisse“ stützen uns, sondern eine kindliche, freudige Einfachheit, indem wir die Gnade Gottes annehmen, die in Jesus offenbart wurde, damit wir sie alle sehen können.

Lass uns wissen, wenn du helfen willst – im Herrn! Wir sind denen unaussprechlich dankbar, die bereits helfen und sich sehr bei uns einbringen. Wir versorgen jetzt 4500 verwaiste Kinder – danke, dass ihr euch um die Armen kümmert.

Ganz herzliche Grüße in Jesus
Rolland

Über *Iris Ministries*

„Glückselig die Armen im Geist,
denn ihrer ist das Reich der Himmel."

Matthäus 5,3

Rolland und Heidi Baker mit ihrer Tochter Crystalyn, Sohn Elisha und den Hunden der Familie zu Hause in Pemba

Rolland und Heidi Baker gründeten *Iris Ministries, Inc.*, eine interkonfessionelle Mission, im Jahr 1980. Seit mehr als fünfundzwanzig Jahren sind sie nun Missionare. Beide wurden 1985 nach Erreichen ihres BA- und MA-Abschlusses in den Fächern Bibelwissenschaft and Gemeindeleitung am Southern California College als Pastoren ordiniert. Rolland ist Missionar in der dritten Generation. Er wurde in China geboren und wuchs dort und in Taiwan auf. Stark beeinflusst wurde er von seinem Großvater, H.A. Baker, dem Verfasser von „Visionen jenseits des

Horizonts“, einem Bericht über die ausführlichen Visionen von Himmel und Hölle, die vor zwei Generationen Kinder in seinem abgelegenen Waisenhaus in Südwestchina empfingen.

Heidi erfuhr im Alter von sechzehn Jahren eine deutliche Berufung zur Mission, und zwar während eines Aufenthalts als *American Field Service*-Studentin in einem Indianerreservat. Ein Navajo-Prediger führte sie zum Herrn. Mehrere Monate später sprach Gott in einer mehrstündigen Vision zu ihr und berief sie in den geistlichen Dienst und als Missionarin für Afrika, Asien und England. Bei ihrer Heimkehr nach Laguna Beach in Kalifornien begann sie bei jeder Gelegenheit zu dienen und Teams in missionarischen Kurzeinsätzen zu leiten. Rolland und Heidi begegneten sich in einer kleinen charismatischen Gemeinde in Südkalifornien und heirateten sechs Monate später, nachdem sie erkannt hatten, dass sie in ihrer Berufung und ihrer Sehnsucht nach Erweckung unter den Armen und Vergessenen der Welt eines Sinnes waren.

Zwölf Jahre lebten Rolland und Heidi in Asien, zunächst sechs Jahre lang als Leiter von evangelistischen Schauspiel- und Tanz-Einsätzen auf den Philippinen, in Taiwan, Indonesien und Hongkong. Sie nutzten ihre Vorbildung im medial-kreativen Bereich und in der darstellenden Kunst und sahen Tausende zu Jesus kommen.

Doch nach der Begegnung mit Jackie Pullinger-To und ihrer Mitarbeit in Jackies Dienst unter Drogenabhängigen in Hongkong spürten sie deutlich, dass der Herr die Ausrichtung ihres Dienstes verändern wollte. Immer mehr brach ihnen das Herz um der Armen und Ungewollten willen. Sie machten sich Gedanken über die Bekehrten ihrer Einsätze und wollten sich mehr auf die spezifischen alltäglichen Nöte jener konzentrieren, denen sie dienten. Dies war eine Zeit des Wandels. Sie begannen Werke unter den Armen zu gründen – zunächst in den Slums mitten in Jakarta, Indonesien, dann unter den vergessenen Straßenschläfern und Alten in dem überbevölkertsten Stadtgebiet der Welt, Kowloon in Hongkong. Gott gab ihnen sein Herz für die Armen und Verlassenen.

Im Jahr 1992 verließen Heidi und Rolland Asien, um ihre Doktorarbeiten in Systematischer Theologie an der *King's College*-Universität in London zu schreiben. Gleichzeitig gründeten sie eine Gemeinde unter den Obdachlosen, Drogenabhängigen und Alkoholikern, die auf den Straßen mitten in London leben.

Im Jahr 1995, nach zwanzig Jahren Beten und Warten, kamen sie nach Mosambik, dem ärmsten Land der Welt. Die Regierung bot *Iris Ministries* ein furchtbar heruntergekommenes und verwahrlostes „Waisenhaus" an, und ohne Zusage für Unterstützung für solch ein Projekt sagten sie einfach: „Ja, wir nehmen es!" Sie begannen mit achtzig Kindern, aber ihre Herzen waren gebrochen für die verlorenen und verlassenen Kinder, die noch auf den Straßen von Maputo leben. Nach vielen Jahren brutalen Bürgerkriegs gab es Tausende Waisen, die fern ihrer Heimat und verlassen waren. Die mosambikanischen und ausländischen Mitarbeiter von *Iris Ministries* lasen diese verlorenen Kinder auf und nahmen sie zu sich. Gott erwies seine Liebe reichlich und sorgte jeden Tag neu für Essen. Die Waisenarbeit wuchs auf 320 Kinder an. Sie gründeten eine Gemeinde in der Gemeinschaft und erlebten, wie Hunderte ihr Herz dem Herrn zuwandten.

◇◇◇◇◇◇◇◇

Die vorherigen, kommunistischen Betreiber des Waisenhauses der Regierung ärgerten sich, dass die Bakers das Haus übernommen hatten, weil jetzt ihre extreme Korruption vereitelt war und sie keine Gelder mehr veruntreuen konnten . Sie setzten sich mit einem ebenso korrupten Teil der Regierung zusammen, dachten sich Anschuldigungen aus und verboten *Iris Ministries* per Dekret Gottesdienst und Beten, „christliches Singen" usw. und jede Form von „ungenehmigter" Essens- und Kleidungsausgabe und medizinischer Hilfe. Sollte *Iris* sich diesen neuen Regeln nicht unterordnen, blieben ihnen achtundvierzig Stunden zum Verlassen des Geländes. Heidi wurde außerdem gesagt, es gäbe einen Mordauftrag gegen sie, und sie dürfe das Gelände nicht mehr betreten. Überwältigt und erschöpft von dem Kampf mussten sich Heidi und Rolland in ihrem Büro in der Stadt in Sicherheit bringen.

Im Waisenhaus trafen sich die Kinder im Ess-Saal, der auch als Kirche genutzt wurde, und begannen aus voller Kehle Lobpreis- und Anbetungslieder zu singen! Man schlug sie und verbot ihnen, Gott anzubeten. Einer nach dem anderen wanderten sie die über dreißig Kilometer zum Stadtbüro. Sie sagten Papa Rolland und Mama Eida, dass sie ihnen überallhin folgen würden, weil sie Gott anbeten wollten! Alle gemeinsam schrien sie verzweifelt zu Gott, weil sie nicht wussten, was sie jetzt tun sollten. Sie hatten alles verloren. Sie hatten keinen Ort, an den sie gehen konnten. Es gab noch nicht einmal einen Topf, dass man für alle diese Kinder kochen könnte! Eine Freundin von der amerikanischen Botschaft, Nelda Lawrence, kam mit etwas Chili und Reis für die Baker-Familie herüber. Heidi sagte: „Wir haben eine sehr große Familie!" Nelda meinte: „Nein, dies ist nur für euch und eure beiden Kinder." Heidi entgegnete: „Wir haben viele Kinder, und der Herr sagte, es würde immer genug geben!" Sie beteten über den Töpfen mit Essen und ließen alle über fünfzig Kinder Platz nehmen. Alle aßen und wurden satt, auch die Bakers!

Zwei andere Missionsgesellschaften, die von der Situation erfuhren, boten für drei Monate die Benutzung nicht benötigter Gebäude an. Als diese Zeit vorbei war, sorgte der Herr in seiner Gnade für ein Stück Land. Die Kinder beteten mit allen Mitarbeitern und glaubten, dass Gott ein weiteres Wunder tun würde. Wie immer kam Gott durch und verschaffte ihnen ein riesiges Zirkuszelt und einige gebrauchte Armeezelte, in denen die Kinder wohnen konnten. Löcher wurden ausgehoben – das waren dann die Toiletten, und alle beteten monatelang für Wasser aus der Erde (einen Brunnen) und geistliches Wasser vom Himmel (mehr vom Heiligen Geist). Gott erhörte beide Gebete und schenkte einen Brunnen mit sauberem, frischem Wasser und goss seinen Heiligen Geist gewaltig auf die Kinder aus. Durch die Schwierigkeiten wurden alle stärker im Herrn. Die größte Freude für das ganze Zentrum war, dass sie jetzt die Freiheit hatten, Gott anzubeten.

In Jesus ist es möglich, unter unsagbar armen und üblen Bedingungen körperlich und geistlich für so viele Kinder zu sorgen. Immer wieder, wenn der ganze Dienst in Mosambik unter Entmutigung und Erschöpfung zusammenzubrechen drohte, goss der Heilige Geist noch mehr Gnade und Barmherzigkeit darauf aus.

Einmal kehrte Heidi in die Staaten zurück, um an einer Erneuerungskonferenz teilzunehmen (sie brauchte nämlich ganz dringend Erneuerung!). Sie war erschöpft von der Arbeit und der Verantwortung für über dreihundert Kinder, die sie alle „Mama Eida" nannten. Der Feind versuchte, was in seiner Macht stand, um sie von dieser Reise abzuhalten. In finanzieller Hinsicht sah es unmöglich aus, und zwei Ärzte sagten ihr, dass sie die Reise wegen einer Lungenentzündung auf keinen Fall antreten könne. Stur wie sie ist, setzte sie sich in das Flugzeug und trat die mehr als dreißigstündige Reise an. In seiner Barmherzigkeit öffnete Gott zu Beginn der Konferenz ihre Lungen und ließ sie wieder frei atmen. Jeden Tag wurde sie stärker. Viele Stunden lang beteten liebevolle Menschen aus dem Ministryteam für sie. Es war schwierig und gleichzeitig in der

Tiefe heilsam, nach so vielen Jahren Predigen und Lehren einfach zu empfangen. Eines Abends fühlte sie sich wie in Geburtsschmerzen und stöhnte in der Fürbitte für die Kinder in Mosambik. In einer Vision konnte sie Tausende von ihnen auf sich zukommen sehen, und sie rief: „Nein, Herr, es sind zu viele!“ Sie spürte Jesus sagen: „Sieh mir in die Augen. Gib du ihnen etwas zu essen.“ Dann nahm er einen Teil seines gebrochenen Körpers, und es wurde zu Brot, und sie begann es den Kindern zu geben. Dann sagte der Herr wieder: „Sieh mir in die Augen. Gib du ihnen etwas zu trinken.“ Er reichte ihr einen Becher mit dem Blut und Wasser, das aus seiner Seite geflossen war, und sie gab ihn den Kindern zu trinken. Der Herr sprach zu ihrem Herzen und sagte: „Es wird immer genug Brot und zu trinken geben, weil ich den Preis mit meinem Leben bezahlt habe. Habe keine Angst. Glaube nur.“ Geheilt und gestärkt kehrte sie nach Mosambik zurück.

◇◇◇◇◇◇◇◇

Heute bitten Rolland und Heidi Gott um eine Weiterführung der göttlichen Visitation, die die Kinder aus H.A. Bakers Waisenhaus in China vor langer Zeit erlebten. Das beginnt zu geschehen, und es gibt mehr Zeugnisse, als mitgeteilt werden können. Das Wort Gottes verbreite sich in Kraft in die entfernten Ecken der Welt! Mögen die Armen, die Verkrüppelten, die Lahmen und die Blinden – Menschen, die nie zuvor Gottes Güte geschmeckt haben – zum großen Festmahl des Königs gezogen werden!

Mittlerweile ist *Iris Ministries* auf über sechstausend Gemeinden in ganz Mosambik und den Nachbarländern angewachsen. Die katastrophale Flut 2000/2001 rief einen überwältigenden Hunger nach den Dingen Gottes in den Flüchtlingslagern, wo *Iris* diente, hervor, und immer noch verbreitet sich das Evangelium wie ein Lauffeuer. Heute kümmern sich *Iris Ministries* in ihren Zentren um fast 4500 Kinder, und auch die *Iris*-Gemeinden nehmen Waisenkinder auf. Jesus offenbart sich durch Zeichen und Wunder, Visionen und Träume, und nie haben die Mitarbeiter solch eine Ernte erlebt. Der Herr der Ernte sende Arbeiter!

1. Heidi mit einigen unserer jüngeren Kinder bei uns zu Hause

2. Unsere Kinder bekommen Eis am Strand

3. Unsere neue und glückliche, ständig wachsende Familie in Pemba

4. Kongo 2006: Unser erstes gemietetes Kirchengebäude und Hauptquartier

2. Kongo 2006: Beginn eines Kalonge-Anbetungsgottesdienstes in unserer neuen Kirche

6. Kongo 2006: Mal wieder im Schlamm stecken geblieben

7. Kongo: Einer unserer Kalonge-Jungen
– Unschuld und Freude

Kontakt zu *Iris Ministries*

Rolland und Heidi Baker:

Iris Ministries, Inc.
P.O. Box 275
Pemba, Cabo Delgado
Mosambik
(Adresse gilt nur für Post und Päckchen, nicht für Spenden. Schecks müssen in den USA eingelöst werden.)

Tel.: +258-82-303-0680
rolland@irismin.org
heidi@irismin.org

Missionsschule:

Information und Online-Bewerbung: www.irismin.com
Absolventen: graduates@irismin.org

Besucheranfragen (Daten, Anreise, Vorbereitung):

hospitality@irismin.org

Anfragen zu Pemba

pemba@irismin.org

Website:

www.irismin.org (alte Newsletter, Fotos, Onlinespenden und Blog, Info über Spenden per telegrafischer Geldüberweisung)

Verwaltungs-Website:

www.irismin.com (Standorte, Produkte, Reisepläne, Onlinespenden, Kontakt und Unterstützung, langfristige Mitarbeit, Besuch bei *Iris*, Information und Onlinebewerbungen für die *Holy Given*-Missionsschule, neueste Nachrichten und Missionskontakt-Informationen)

Anfragen bezüglich Containerverschiffung, Bedarf und Logistik:
Gordon Haggerty
ghaggerty@attglobal.net